U0109977

龍鷹共舞
——中共與美國海事安全互動

邱子軒 著

導　讀

　　二十一世紀開始以來，中美互動進入微妙的階段。雖然彼此疑慮仍深，但雙方共同利益逐漸擴展。

　　多數學者從對抗的角度，探討中美軍事關係。本書作者則以銳利眼光，挑了一個冷門、卻在緩慢成型的潛流，也就是中美海事安全互動，去探討此議題。而它至今仍尚未廣泛受到國際學者重視。

　　中美海事安全互動萌芽於 1979 年 5 月，即兩國正式建交之後。由於海事安全互動的政治敏感性不高，加以兩國在此領域長期培養的默契，2001 年 4 月撞機事件後，北京與華府首先恢復，即為屬於海事安全交流領域的「海軍合作」。其時間即在「911」事件發生後三天。此項合作逐漸啟動了其他軍事層面的交流。

　　在本書中的第一、二章中，作者從「綜合性安全」的角度，先探討中共的海事安全戰略發展脈絡。由於崛起中的中共，逐漸由陸權國家，轉向海權國家發展，海事安全對於中共整體國家安全也就顯得日益重要。然而，目前中共在海洋利益上，面臨諸多威脅，促使中共對海事安全戰略進行調整。也正因為中共進行海事安全戰略的調整，而凸顯出目前海上行政執法所存在的諸多問題。讓中共不得不正視此一窘境，進而形成對外合作最主要動機。

　　第三章則針對另一個交流對象－美國，在面臨二十一世紀非傳統安全的威脅下，所突顯出對外海事安全合作的需求。讓擺盪到低點的中美關係，露出曙光。

　　第四章則詳盡的論述中美兩國自建交後的海事安全互動歷程，及軍事交流的發展關係。

　　第五章以正、反兩面因素，進行比較與分析，試圖推導出兩國海事安全交流與中共海事力量發展的未來走向。

　　本書架構安排緊密，邏輯清晰，資料豐富。此外，作者分析深入，見解獨到。在中美關係及海事安全研究之領域中，這是一本難得的好書。

　　2005 年，邱子軒先生進入淡江大學國際事務與戰略研究所，選修本人之課業。他求學之認真、思緒之縝密、態度之勤奮，令人印象深刻。可以預期的是，他將在與此相關之領域大放異彩。

淡江大學國際事務與戰略研究所教授
前國防部副部長

2008 年 4 月 11 日於中華歐亞基金會

推薦序一

　　中國是我國血脈相連但對我安全威脅最大的鄰居，美國是台海緊張時唯一可能提供我國適時安全保障的強權。夾在美國與中國兩個超級經濟體與核武大國中間，我國的國家安全始終受到美中關係波動之影響。

　　美中台關係一直是牽動我國國家安全，乃至亞太區域穩定最重要的三角關係。任何層面的彼消此長，都會牽一髮而動全身。美中軍事交流的深化，自然影響我國安全至鉅。2007年底中國同意與美國國建立軍事熱線，令若干研究中美關係的學者感到意外，惟倘能細讀「龍鷹共舞－中共與美國海事安全互動」，卻將發現，此早已有跡可循。

　　從美國的角度而言，中國是個崛起中「處於戰略十字路口」的大國。中國的發展走向，對美國的全球戰略來說，實至關重要。美國加強對中國的交往，既可以通過接觸來影響中國，促使中國向美國所期望的方向走，而且還可以促進中國在反恐、防擴、經貿、能源、地區安全、全球事務等方面同美國合作，最終將中國塑造成「負責任的利害關係者」。

　　對中國來說，和平發展是當前最重要的目標。美國是中國是否能夠實現和平發展最重要的外部因素。所以透過與美國非傳統安全領域的海事安全交流，除可推動軍事交流外，亦可以增加交流管道，宣傳中共和平發展意圖，對保持中美關係穩定發展具有一定效用。

　　美中的海事安全交流看似平常，但在反恐新世紀中，早已由配角，躍身為主角。美國的中國研究專家，近年來已開始注意到此議題，而我國則付諸闕如。本書作者以敏銳的觀察力，撰寫國內第一本對美中海事安全互動的專書，全篇資料蒐集面向之廣泛，議題之深入，非常值得鼓勵與推薦給研究美中關係的學者閱讀。

　　在本人潛心中國人民解放軍海軍相關海權發展研究廿年期間，始終感到些許孤單。如今看到作者選擇這個極少數但又很重要的課題，不但充實了國內對於中國面相海洋發展的研究內涵，也成為我國中共海軍研究團隊的生力軍。我深切期勉子軒持續努力，相信在不久的將來，能在學術界嶄露頭角，成為後起之秀。

淡江大學美國研究所所長

黃介正

2008 年 5 月

推薦序二

　　「金門」、「連江」兩艘海巡新艦，已在 2008 年 2 月 24 日正式加入我國的海上執法與救難隊伍。未來這些海巡艦將可能直接與對岸執法船「遭遇」，我國應如何因應？中共的海事安全如何界定？其執法能量如何？這些都是我們應當熟知卻仍舊不甚理解的問題。這本「龍鷹共舞－中共與美國海事安全互動」的書中，有著詳盡的說明。

　　該書提及目前除強化海洋意識、發展海洋戰略外，中共並積極增強海事安全力量，其近年發展重點有三：

　　一是加速大型執法船部署。中共體認到單以海軍保護經濟海域安全，將使其海上防衛力量捉襟見肘。故近來加速大型執法船的部署，這包括海監、海巡、海警及海洋救助等十多艘新造大型艦艇的陸續服役，及三艘退役海軍艦艇撥交海警、漁政等單位使用。

　　二是加大沿海戰略建設。為支持海軍擴大近海防禦的戰略縱深，中共持續加大沿海戰略建設，包括 2006 年在永興島所建立的西沙救助基地。除可履行國際海上救助義務外，亦可支援海軍在南海活動所需的後勤保障，故具有重要戰略地位。

　　三是加強近海海洋調查。中共所積極進行的近海海洋綜合調查與評價，對外宣稱為更新舊有資料。但事實上，一方面是想趕在 2009 年截止日期前，向聯合國提出主權登記；另一方面，則和美、台較勁，作為海上戰場準備。

　　在海域執法交流方面。中共近年與美國積極開展海上非傳統安全領域合作，中美從 2002 年起開始每年派遣執法船遠赴北太平洋聯

合巡航。2006 年美國海岸防衛隊更派出首位駐華聯絡官,並在隔年為中共海警官兵進行首次教育訓練。在海洋科技交流方面。當前中共海洋科技實力仍遠遠落後美國,所以要迎頭趕上,必須強化海洋科技合作。中美自 1979 年迄今所持續簽署的海洋和漁業科技合作議定書,便點出中共對美國海洋科技合作的需求。

中共海事安全力量透過與美國交流合作不斷提升而逐漸顯得自信。這個自信展露在中共對東海、南海主權歸屬的態度益趨柔軟、立場卻愈趨強硬,採取「擱置爭議,加強合作,共同開發」,一直是中共在以經濟為發展重點的機遇期中,處理海洋爭議的原則。只是在近年彼消我長之際,中共逐漸強化「主權在我」立場。最明顯的例子,就是中共近年在南沙渚碧礁,新建更具軍事意義的雷達站;除可提供共軍南海地區早期預警外,並具有濃厚強化主權意義。

近年來,中國崛起已成為區域中不容忽視的大事,而伴隨著崛起的表徵便是其海洋力量投射與海事安全力量的強化。而四周環海的台灣,更應知己知彼,落實海洋國家政策目標,強化海事力量,已是刻不容緩。

「龍鷹共舞」這本書值得推薦的地方,其一在於作者以國內研究中美關係領域中,少有的海事安全互動角度,去探討影響兩國軍事交流的因素。其二在於作者以系統性方式去蒐集、整理出現存探討中美軍事交流,以及海事交流的諸多文獻。作者在書中輔以豐富的資料與敏銳的分析研究架構,並大膽提出美中對比的分析,實為其主要研究貢獻。特別是其整理許多參考資料,是國內媒體與相關研究文獻中所疏漏不足的。值此台灣強化海洋國家事務的時刻,書中有許多的分析或可供政府決策參酌,特別值得推薦給更多有興趣的讀者。

　　子軒對於專業議題研究的投入與認真，具體呈現在其碩士論文研究的成果上，並因此深受師長們的高度肯定。看到子軒鍥而不捨的研究精神與態度，相當令人受到鼓舞，期勉子軒能夠繼續在學術研究上耕耘，貢獻國內學術專業社群，並可進一步在海事安全議題上提供政府政策更多的建言。這是他個人第一本書的出版，感佩子軒在研究上的認真執著，願藉此序向讀者推薦一本海事安全研究的好書。

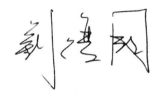

國立政治大學國際關係研究中心研究員
亞太安全合作理事會中華民國委員會執行長
2008 年 5 月 5 日

自　序

——當前熱門的冷議題

　　中美關係裡最敏感的軍事交流層面，一直是大家關注的焦點。但卻鮮少人注意到兩國的海事安全互動，一直默默的牽動著軍事交流走向。

　　近年來中美頻繁的軍事交流背後，是持續而深化的海事安全互動。在 2006 年 9 月及 11 月，兩國海軍首次舉行眾所矚目的海上聯合搜救演習。而稍早在 6 月 11 日的下午，二次大戰結束後，首艘訪華的美國國土安全部海岸防衛隊主力執法船「急流（USCGC Rush－WHEC 723）」號，即抵達青島港，進行為期五天的友好訪問。這兩個看似獨立的事件，卻有一個共同點，那就是雖然中美在軍事發展上仍各有所防備，但在屬於「綜合性安全」領域的海事安全交流，卻早已有著持續而深化的開展。

　　中美海事安全互動有近卅年歷史。有人認為崛起的中國，將和美國形成新的冷戰局面。但中美穩健的海事安全交流，卻是當年美蘇冷戰時期所罕見的。中美的海事安全交流，最早可回溯至 1979 年 5 月 8 日的《中美海洋和漁業科技議定書》。而後幾年所建立的海事安全合作基礎，每每為擺盪的中美關係，發揮關鍵的調節作用。1998 年 1 月 17 日兩國所簽訂的《海上軍事磋商協定（Military Maritime Consultation Agreement, MMCA）》，即為 2001 年中美軍機擦撞事件所形成的軍事交流低潮期，帶來一線曙光。而 1993 年所簽定的中美

《關於有效合作和執行聯合國大會 46/215 號決議的諒解備忘錄》，則催化了今日中美豐富的海事安全合作。更讓中美兩國海洋執法機關，自 2002 年起恢復在北太平洋的海上聯合執法，這比 2006 年號稱中美海軍首次海上聯合搜救演習，早了四年。

中美海事安全互動自從兩國建交開始，即不斷發揮調節軍事關係的功能。正逐步邁向海洋的中共，不得不與同屬亞太大國的美國合作。而美國為強化反恐力道，建構全球反恐戰略，亦不得不與中共合作。中共透過海洋行政執法機關及海軍，與同樣具有海上非傳統安全領域反恐需求的美國，進行交流與合作，以借鑑其豐富的海事經驗與強大的海事力量。一方面穩固中美兩國關係，一方面則彌補自身海事安全能力的不足。中國將會從中獲得豐碩的利益。

中美海事安全交流的快速發展，顯然並非一夕所造成，其背後所存在的諸多潛流、背景，與未來發展趨勢。這是一個嶄新、而較少人深入綜合研究的中美合作領域。同時也是在當前，大家將目光集中在軍事交流層面時，較易忽略地「冷議題」。議題雖冷，但在筆者撰寫本書期間，卻陸續發現有部分美國專家學者，也開始注意到中美的海事安全交流。感謝林中斌教授的知遇之恩，在恩師的提攜與鼓勵下，筆者嘗試將在淡江大學國際事務與戰略研究所攻讀碩士時，所發表題為「中共與美國海事安全互動」之論文撰寫成書。除希望能讓國人了解崛起的中共海事安全力量外，亦希冀拋磚引玉，讓身為海洋國家的台灣，能有更多的研究學者，投入海事安全問題的研究領域。

最後，由衷感謝淡江大學美國研究所黃介正所長，及亞太安全合作理事會中華民國委員會執行長劉復國教授的嚴謹指導，讓本書增色許多。而勤文先生所給的靈感激發，以及王信力先生、翟文中

先生、鍾如郁小姐、王光慈小姐、陳賢瑛小姐、郭姿吟小姐及秀威資訊的詹靚秋小姐在本書孕育過程中，所提供的協助與鼓勵。這些均讓筆者銘感五內、沒齒難忘。心願這些在我撰寫本書中，所偶遇的貴人們，平安、健康。

穗黃葉落夏日盡、楓紅草飛秋風揚

邱子軒　謹誌

2008 年 9 月 29 日

目　次

圖　次

表　次

第一章　緒論

　　中美的海事安全互動，是兩國軍事交流的蓄水池。在兩國關係盪到谷底時，海事安全互動發揮了穩定功能，適時注入活水；在兩國關係好轉、交流漸增時，海事安全互動則扮演起急先鋒的角色，將交流層面擴至軍事等其他層面的交流。

第一節　研究動機

　　回顧 2006 年，這是中共軍事外交豐收的一年。除了與一百三十多個國家的軍隊共同開展各種交流外[1]，其中最引人矚目的，是 2001 年中美軍機擦撞事件，導致兩國關係陷入冰點後，首次的海軍海上聯合搜救演習。中美 2006 年的軍事交流，所呈現的是兩國穩定而深化的合作關係。細循脈絡，持續的海事安全交流，是背後重要的推手。

　　2006 年中美海上聯合搜救演習，分別於 9 月及 11 月，在兩國海域內共同舉行。當年 4 月及 7 月，中共國家主席胡錦濤及軍委副主席郭伯雄的訪美，最後促成了本次演習[2]。只是兩國軍隊的「首次」聯合演習，內容卻是屬於「綜合性安全」領域的海上搜救，頗令人玩味。

---

[1]　「開放務實自信──2006 年中國軍事外交開創新局面」，新華網（北京），2006年 12 月 27 日，http://big5.xinhuanet.com/gate/big5/news.xinhuanet.com/mil/2006-12/27/content_5537089.htm，2007 年 2 月 27 日下載。

[2]　「郭伯雄與美國國防部長拉姆斯菲爾德舉行會談」，新華網（北京），2006年 7 月 19 日，http://big5.xinhuanet.com/gate/big5/news.xinhuanet.com/newscenter/2006-07/19/content_4856697.htm，2007 年 3 月 15 日下載。

　　循著脈絡，回溯到同年 6 月 11 日的下午，美國國土安全部海岸防衛隊「急流（USCGC Rush－WHEC 723）」號執法船，亦是「首次」應中共公安部邀請，抵達山東青島港，進行為期五天的友好訪問。這同時也是二次大戰結束以來，首艘訪問中國大陸的美國海岸防衛隊主力執法船。中共公安部邊防管理局官員和美國海岸防衛隊太平洋區司令沃斯特（Charles D. Wurster）中將等，更特別出席稍後的歡迎儀式[3]。事實上，更早之前，中美就已依照 1993 年兩國所簽定《關於有效合作和執行聯合國大會 46/215 號決議的諒解備忘錄》，自 2002 年起恢復在北太平洋的海上聯合執法。這比號稱中美海軍首次海上聯合搜救演習，早了四年。

　　上述兩個看似獨立的事件，卻有一個共同點，那就是雖然中美在軍事發展上仍各有所防備，但在屬於「綜合性安全」領域的海事安全交流，卻早已有著持續而深化的開展。自從美國發生「911」恐怖攻擊事件後，國際恐怖主義也逐漸成為亞太安全的主要威脅。而美國對於反恐的重視，給了在西太平洋要角的中共一個絕佳的契機，讓中美兩國得以借反恐之名，拉近彼此的距離，更成為中美軍事交流的催化劑。

　　有人認為崛起的中國，將和美國形成新的冷戰局面[4]。但中美穩健的海事安全交流，卻是當年美蘇冷戰時期所罕見的。中美海事安全交流的快速發展，顯然並非一夕所造成，其背後所存在的諸多潛

---

[3]　「美國『急流號』執法船訪問青島」，中華人民共和國公安部網站（北京），2006 年 6 月 12 日，http://xn--55q79ve18b.cn/cenweb/brjlCenweb/jsp/common/article.jsp?infoid=ABC00000000000033209，2007 年 3 月 15 日下載。

[4]　「美日聯手圍堵中國　新冷戰時代揭幕」，大紀元，2001 年 5 月 4 日，http://64.62.138.84/b5/1/5/4/n84329.htm，2007 年 12 月 18 日下載。

流、背景，與未來發展趨勢。這是一個嶄新、而較少人深入綜合研究的中美合作領域，且難單純以「安全困境」來說明。這成為本研究的主要動機。

第二節　文獻回顧

國內、外有關中美軍事交流、區域海事安全與交流合作等領域之個別研究及著作相當豐富。但對於中美海事安全互動的探討較為有限。由於中美海事安全互動與軍事交流間，看似有著無法切割的因果關係。以下便試圖從中美軍事交流，及有關中共海事安全方面之研究文獻，進行回顧，並從中探討尚嫌不足之處，進而提出本研究可能之貢獻。

一、有關中美軍事交流之文獻回顧

為探尋中美海事安全互動與軍事交流間的脈絡，本研究嘗試先針對現有關於中美軍事交流的眾多文獻，進行理順與回顧。

首先，劉振安先生曾就美國與中共的軍事交流，做過深入的研究，並發表過多篇文章。包括「美國與中共軍事交流之現況發展」[5]、「小布希總統時期美中軍事交流之研究」[6]，以及「美國與中共的

---

[5]　劉振安，「美國與中共軍事交流之現況發展」，空軍學術雙月刊，第 592 期（2006年 6 月 1 日）。

[6]　劉振安，「小布希總統時期美中軍事交流之研究」，展望與探索，第 2 卷第 5期（2004 年 5 月）。

軍事交流之研究：國家利益之觀點」碩士論文[7]。綜合其文章，詳細介紹自冷戰起，美國與中共在各時期間的軍事交流背景與情況。劉振安先生曾提到，「911」事件後，中共大力支持美國反恐合作的鮮明立場，已使得美國國防部轉變先前不願與中共接觸的思維，特別是對中共抨擊最為強烈的副部長伍維佛茲（Paul Wolfowitz）[8]。

　　而丁樹範教授在 2002 年時，亦曾發表過「九一一事件後美台軍事關係的發展」乙文。其中對於美國「911」恐怖攻擊事件後的中美關係發展，進行深入探討。丁教授在文中提及，「911」事件雖然有助於美國與中共外交關係的改善，但改善程度有限。這涉及雙方對處理許多國際議題和反恐策略，存在不同的看法[9]。

　　無獨有偶，美國學者沈大偉先生（David Shambaugh），亦認為儘管兩國高層會晤頻繁，但是在雙邊交流全面重建的過程中，中美軍事交流明顯是薄弱的一環，美國國防部與國會對中共仍存有很深的疑慮。沈大偉先生強調，即便將來恢復這種軍事交流，它也將會停留在比較有限的層面和水準上[10]。

　　回顧近幾年來，在中美軍事交流的領域中，除了上述的研究成果外，吳衛先生與林麗香小姐，也曾在 2005 年，針對中共軍事外交

---

[7]　劉振安，「美國與中共的軍事交流之研究：國家利益之觀點」，中山大學大陸研究所碩士論文（2004 年）。

[8]　劉振安，「美國與中共的軍事交流之研究：國家利益之觀點」，頁 127。

[9]　丁樹範，「九一一事件後美台軍事關係的發展」，國際事務季刊，2002 年春季刊，頁 43。

[10]　David Shambaugh, "Sino-American Relations since September 11:Can the New Stability Last?" *Current History*, (September 2002-China), pp.2-9. 轉引述自劉振安，「美國與中共的軍事交流之研究：國家利益之觀點」，頁 3。

的意涵與目的，分別提出各自的卓見。吳衛先生所發表的「中共近年對外軍事交流發展初探」乙文中，提到中共發展軍事交流的意涵包括四項：袪除「中國威脅論」以維持周邊和平環境、支持「大國外交」政策、提高對第三世界國家的影響力、基於延續過去軍事援助的需要[11]。而林麗香小姐發表的「中共軍事外交目的研析」乙文中，提到中國軍事外交的目的也有四項：配合國家經濟建設、促進軍隊現代化、消弭「中國威脅論」的疑慮及孤立台灣生存空間等[12]。兩篇論述的共同點是：「消除國際間對於『中國威脅論』的疑慮」。

綜合以上文獻，可以看出 2001 年美國所發生的「911」恐怖攻擊事件，不僅是探討二十一世紀中美軍事交流，更是分析兩國海事安全交流基礎的一個重要事件與分水嶺。而「911」事件發生後，所形成的國際反恐潮流，讓中共搭了順風車，運用反恐名義，以降低國際間對於「中國威脅論」的疑慮，順利擴大與外國軍隊交流。這當然包括自 2001 年軍機擦撞事件後，一直無法突破的中美軍事外交困境。

二、有關中共海事安全方面之文獻回顧

與中共有關之海事方面的著作，經綜整後，大體可以區分「海事法之研究」、「海事安全之研究」、「海事合作之研究」等三大類。

---

[11] 吳衛，「中共近年對外軍事交流發展初探」，陸軍月刊，第 41 卷第 481 期（2005年 9 月 1 日）。

[12] 林麗香，「中共軍事外交目的研析」，展望與探索，第 3 卷第 12 期（2005 年12 月）。

海事法之研究

　　海事安全一直都是世界各國重視的項目。而完善且廣為各國所認同的國際海事公約，是海事安全的重要基礎。海運月刊曾有系統的整理迄 1994 年底，國際主要海事公約生效實施概況[13]。然而 2001 年的「911」事件，對於全球各地，包括亞太地區的航運、船舶及港口等安全，帶來極為深遠的影響。為防止恐怖份子的威脅，美國除迅速通過《2001 年港口和海上安全法（the Port and Maritime Security Act 2001）》、《2002 年海上運輸反恐法（Maritime Transportation Anti-terrorism Act of 2002）》等國內法外，亦積極推動《1974 年國際海上人命安全公約（International Convention for the Safety of life at Sea, SOLAS）》等國際法的修訂。國際社會亦普遍認為需檢討現行國際組織所通過與海事安全相關的法律文書。

　　宋燕輝教授以「亞太國家接受與海事安全相關國際規範現況之研究」[14]，探討亞太地區第一軌與第二軌經濟和政治安全性質區域國際組織的會員，批准與航運、港口安全相關法律文書的情形[15]。

---

[13] 海運聯營總處企劃組，「國際主要海事公約生效實施概況」，中華民國海運月刊（1997 年 6 月）。

[14] 宋燕輝，「亞太國家接受與海事安全相關國際規範現況之研究」，台灣國際法季刊（2004 年 10 月）。

[15] 宋燕輝教授提到之法律文書包括：《1982 年聯合國海洋法公約（United Nations Convention on the Law of the Sea, UNCLOS）》、《國際海事組織公約（Convention on the International Maritime Organization, IMO Convention）》、《1974 年國際海上人命安全公約（International Convention for the Safety of life at Sea, SOLAS）》、《國際安全管理準則（International Maritime Code, ISM Code）》、《國際船舶與港口設施安全準則（The International Ship and Port Facility Security Code, ISPS Code）》、《壓制海上航行安全非法行為公約（Convention for the Suppression of Unlawful Acts against the Safety of

其中，美國與中共均認同且已簽署之海事安全相關國際規範現況，綜整如表 1：

在中共國內海洋立法部份，目前尚未制定出成文的《海洋法》法典。有關中共海洋管理的規範，只散見於涉海，或者專項海洋事務管理的法律、法規方面[16]。自 1982 年以來，中共相繼頒布了《領

表 1　美國與中共均認同且已簽署之海事安全相關國際規範

項次	海事安全相關國際規範	美國	中共
1	1982 年聯合國海洋法公約	△	○
2	國際海事組織公約	○	○
3	1974 年國際海上人命安全公約	○	○
4	國際船舶與港口設施安全準則	△	○
5	壓制海上航行安全非法行為公約	○	○
6	壓制位於大陸礁層固定之平台之安全非法行為議定書	○	○
7	1978 年國際船員訓練標準、證書和當值公約	○	○
8	1979 年國際海上搜救公約	○	○
9	1972 年國際安全貨櫃公約	○	○

○：代表已批准、△：代表簽署但未批准

作者依據宋燕輝，「亞太國家接受與海事安全相關國際規範現況之研究」，台灣國際法季刊（2004 年 10 月），修正製表，2007 年 4 月 6 日

Maritime Navigation, SUA）》、《壓制位於大陸礁層固定之平台之安全非法行為議定書（Protocol for the Suppression of Unlawful Acts against the Safety of Fixed Platforms Located on the Continental Shelf, SUA PROT）》、《1988 年國際船員訓練標準、證書和當值公約（International Convention on Standards of Training Certification and Watch Keeping for Seafarers, STCW）》、《1958 年船員辨識證件公約（The Seafarers' Identity Documents Convention）》、《1979 年國際海上搜救公約（International Convention on Maritime Search and Rescue, SAR）》、《1972 年國際安全貨櫃公約（International Convention for Safe Containers, CSC）》等。

[16] 「維護國家海洋權益中國海監責無旁貸」，中國海洋報（北京），2005 年 1 月 4 日，http://www.scssinfo.com/HYGL/news/GL_0157.htm，2007 年 1 月 26 日下載。

海及毗連區法》、《專屬經濟區和大陸架法》、《中華人民共和國海事訴訟特別程式法》、《海域使用管理法》等一系列海洋法律、法規（如表2）。這些法律、法規授權十五個部門，管理中國相關的海洋事務，並由此衍生出中國海監、中國漁政、中國海事、海關、公安邊防等五個涉海的行政執法機構。

表2　中共頒布海洋相關法律、法規

總計數量：30　　　　　　　　　　　統計時間：1982 年～2007 年

頒布日期	法令規章名稱	頒布單位
1982 年 8 月 23 日	中華人民共和國海洋環境保護法	中共全國人大常委會
1983 年 9 月 2 日	中華人民共和國海上交通安全法	中共全國人大常委會
1983 年 12 月 29 日	中華人民共和國海洋石油勘探開發環境保護管理條例	中共國務院
1985 年 3 月 6 日	中華人民共和國海洋傾廢管理條例	中共國務院
1986 年 1 月 20 日	中華人民共和國漁業法	中共全國人大常委會
1986 年 3 月 19 日	中華人民共和國礦產資源法	中共全國人大常委會
1990 年 5 月 25 日	中華人民共和國防治陸源污染物污染損害海洋環境管理條例	中共國務院
1990 年 5 月 25 日	中華人民共和國防治海岸工程建設項目污染損害海洋環境管理條例	中共國務院
1992 年 2 月 25 日	中華人民共和國領海及毗連區法	中共全國人大常委會
1992 年 8 月 26 日	中華人民共和國鋪設海底電纜管道管理規定實施辦法	中共國家海洋局
1992 年 11 月 7 日	中華人民共和國海商法	中共全國人大常委會
1993 年 5 月 31 日	國家海域使用管理暫行規定	中共國家海洋局
1995 年 5 月 29 日	海洋自然保護區管理辦法	中共國家海洋局
1996 年 1 月 26 日	海洋專項工程勘察設計資格管理辦法	中共國家海洋局
1996 年 3 月 5 日	專項海洋環境預報服務資格證書管理辦法	中共國家海洋局
1996 年 5 月 15 日	批准《聯合國海洋法公約》	中共全國人大常委會

1996 年 5 月 15 日	關於中華人民共和國領海基線的聲明	中共國務院
1996 年 5 月	海洋環境預報與海洋災害預報警報發布管理規定	中共國家海洋局
1996 年 6 月 18 日	中華人民共和國涉外海洋科學研究管理規定	中共國務院
1997 年 1 月 30 日	海洋標準化管理規定	中共國家海洋局
1998 年 5 月 18 日	中華人民共和國防止拆船污染環境管理條例	中共國務院
1998 年 6 月 26 日	中華人民共和國專屬經濟區和大陸架法	中共全國人大常委會
1998 年 10 月 29 日	海域使用申報審批等管理辦法	中共國家海洋局
1999 年 2 月 23 日	關於加強海砂開採管理的通知	中共國土資源部
1999 年 11 月	關於開展對勘查開採海砂等礦產資源監督檢查的通知	中共國土資源部
1999 年 12 月 25 日	中華人民共和國海事訴訟特別程式法	中共全國人大常委會
2001 年 10 月 27 日	中華人民共和國海域使用管理法	中共全國人大常委會
2003 年 11 月	港口設施保安規則	中共交通部
2004 年 1 月 29 日	中華人民共和國海關對用於裝載海關監管貨物的集裝箱和集裝箱式貨車車廂的監管辦法	中共海關總署
2007 年 3 月 12 日	中華人民共和國國際船舶保安規則	中共交通部

資料來源：作者參考「中國海洋事業的發展白皮書」、中共國家海洋局網站（北京），www.soa.gov.cn/law/index01.htm，及許嵐翔，「中共海域執法機制之研究」，世新大學行政管理研究所碩士論文（2005 年），整理製表，2007 年 10 月 12 日

　　羅俊瑋先生即針對中共於 1999 年頒布之《中華人民共和國海事訴訟特別程式法》的第四章，所規定之海事強制令制度進行探討。文中指出，由於海事案件涉外性很強，中共體認到該法仍有若干不足之處，所以其積極與世界潮流靠攏之企圖心，實不可加以忽視[17]。

---

[17] 羅俊瑋，「中國海事強制令之初探」，法令月刊，第 57 卷第 2 期（2006 年 2 月）。

「911」事件發生後，因應國際反恐潮流，中共雖在 2003 年起，制定《港口設施保安規則》、《中華人民共和國海關對用於裝載海關監管貨物的集裝箱和集裝箱式貨車車廂的監管辦法》及《中華人民共和國國際船舶保安規則》等法律文書。然而在涉及國家領海主權和海洋權益、海洋資源開發、海洋綜合管理方面的法律、法規，仍不夠健全[18]。所以 2007 年十屆全國人大五次會議中，中共國家海洋局海洋發展戰略研究所所長高之國，提出按照《聯合國海洋法公約》確立的海洋法律制度，進一步完善中國海洋法律體系，充實和細化中國海洋立法內容。包括《外國船舶無害通過中國領海管理辦法》、《外國軍用艦艇進入中國領海內水管理辦法》、《對違法船舶登臨檢查實施辦法》、《專屬經濟區內人工構築物建造管理條例》等法律或規章，維護中共國家海洋利益[19]。

海事安全之研究

目前有關海事安全方面的研究與文獻，主要呈現兩個特色：其一以區域安全為主、其一以單一國家為中心，而進行論述。

從區域安全角度進行論述方面，在此領域學有專精的劉復國教授，曾發表過「綜合性安全與國家安全：亞太安全概念適用性之檢討」乙文，就「綜合性安全」概念的涵義，與「傳統安全」進行比較分析，並分析其概念對亞太區域安全合作的重要性[20]。此外，貝

---

[18] 張麗娜，「海上反恐與國際海運安全制度的新發展」，中國論文下載中心（北京），http://www.studa.net/sifazhidu/070204/1053505.html，2007 年 4 月 2 日下載。

[19] 「人大代表建議進一步完善中國海洋法律體系」，鳳凰網（北京），2007 年 3 月 13 日，http://big5.phoenixtv.com:82/gate/big5/news.phoenixtv.com/special/lianghui/latest/200703/0313_729_87584.shtml，2007 年 4 月 1 日下載。

[20] 劉復國，「綜合性安全與國家安全：亞太安全概念適用性之檢討」，問題與研究，第 38 卷第 2 期（1999 年 2 月）。

特曼（Sam Bateman）及貝茲（Stephen Bates）先生在 1996 年所出版的《讓海沉靜：亞太地區海事安全倡議（Calming the Waters: Initiatives for Asia Pacific Maritime Cooperation）》乙書，即綜整亞太地區各國所關心的海事安全議題[21]。

　　在以單一國家為中心進行論述方面，我國海巡署為了提升國人海洋意識，在前署長許惠祐先生任內，特別出版《台灣海洋》乙書，以我國為主體，概要介紹台灣海域周邊情勢、相關海事法規、我國周邊藍色國土現況等[22]。此書可概略了解我國推動海洋事務概況，算是初略點出台灣周邊海事安全。而劉復國教授的另一篇「國家安全定位、海事安全與台灣南海政策方案之研究」論文，則是從台灣的角度，探討我的南海政策。文中亦提出以「綜合性安全」為基礎來建構我國的國家安全，並以「海事安全」來主導南海政策發展。此處所提及之「海事安全」，係指以「綜合性安全」概念為基礎的海事合作。不同於傳統軍事安全概念的海事合作，內涵包括保障航運安全性、控制海洋環境污染、促進合作性海事科學研究和建立資源管理典則等[23]。劉教授主張朝向定位「動態的」南海政策，才是符合我國最大國家利益[24]。

　　以目前國內角度，針對中共之有關海事安全方面的研究數量較為有限。其中許嵐翔先生於 2005 年所發表的「中共海域執法機制之

---

[21] Sam Bateman and Stephen Bates, *Calming the Waters: Initiatives for Asia Pacific Maritime Cooperation* (Canberra: The Australian National University, 1996), pp.11-56.

[22] 許惠祐主編，台灣海洋（台北：中華民國海巡署，2005 年 8 月）。

[23] Sam Bateman and Stephen Bates, "Introduction," in Bateman and Bates, eds., *Calming the Waters: Initiatives for Asia Pacific Maritime Cooperation*, p. 3.

[24] 劉復國，「國家安全定位、海事安全與台灣南海政策方案之研究」，問題與研究，第 39 卷第 4 期（2000 年 4 月）。

研究」碩士論文，堪稱為代表之作。該篇論文有系統的整理了中共
海洋政策的演進，及中共海域執法機關的編組，並點出目前中共海
域執法的限制[25]。而同一年，曾國貴先生所發表的「中國海洋戰略
之發展與影響」碩士論文，則從中國海洋戰略的歷史發展角度，同
樣論及到中國新世紀國家海洋發展戰略[26]。除此之外，賈致中先生
及邱坤玄教授，曾以與海事安全有關的海上安全通道維護為例，從
「綜合性安全」的角度及經濟、軍事因素等兩方面，探討中共未來
經濟環境之限制因素[27]。

海事合作之研究

在海事交流方面之文獻與著作，亞太區域合作研究是一個熱點。
除了前述《讓海沉靜：亞太地區海事安全倡議》乙書中，亦討
論到在亞太地區遂行海事安全信心建立措施的途徑，以及透過海上
運輸、海洋環境、海洋科學等領域，進行合作的可行方式外[28]。孫
光民教授在 1998 年 11 月 30 日，政治大學國際關係研究中心所主辦
的「亞太安全概念研究」研討會中，則曾發表「『亞太安全合作理事
會』下的海事安全合作」乙文。該研究係以亞太安全合作理事會
（Council for Security Cooperation in Asia Pacific, CSCAP），在 1997

---

[25] 許嵐翔，「中共海域執法機制之研究」，世新大學行政管理研究所碩士論文
（2005 年）。

[26] 曾國貴，「中國海洋戰略之發展與影響」，東吳大學政治研究所碩士論文（2005
年）。

[27] 賈致中、邱坤玄，「中共未來經濟環境之限制因素研析──以海上安全通道
維護為例」，國防雜誌，第 21 卷第 3 期（2006 年 6 月 1 日）。

[28] Sam Bateman and Stephen Bates, *Calming the Waters: Initiatives for Asia Pacific
Maritime Cooperation*, pp.60-184.

年 12 月所公布的「第四號備忘錄（Memorandum No.4）」中，提及之「區域海事合作綱領（Guideline for Regional Maritime Cooperation）」為基礎，針對亞太地區之區域海事安全合作，進行深入探討。孫教授亦從「綜合性安全」概念的角度切入，說明「亞太安全合作理事會」下的海事合作概況。並指出，除了若干諸如教育訓練及交換資訊等一般性的合作外，目前亞太地區海事安全合作的架構大致包括了「海軍合作」、「海上安全」、「海上交通線之安全」、「海洋環境的保護和保全」、「海洋資源的管理與利用」、「海洋科學研究」、「打擊海上犯罪」等七大主要實質內容[29]。其中「海軍合作」方面的交流，可歸類為「綜合性安全」的軍事層面合作，此亦為推動中美軍事交流的原動力。

比起目前探討中美軍事交流的豐富文獻，針對兩國海事安全合作的研究可以說是相當貧瘠。

在國內部份，翟文中先生於 2004 年所發表的《中共與美國簽署「加強海上軍事安全磋商機制協定」之研究》，可以算是對中美其中一項關鍵的海事安全合作，進行精闢的研究[30]。

在國外部份，自 2007 年以來，已有部分美國學者開始注意到中美的海事安全交流。如解放軍專家麥克維登（Eric A. Mcvadon）先生所寫的《中美海事合作：誰的時代來臨（U.S.-PRC Maritime Cooperation: An Idea Whose Time Has Come?"）》[31]，內容談到，中美

---

[29] 孫光民，「『亞太安全合作理事會』下的海事安全合作」，問題與研究（1999 年 3 月），頁 49、57。

[30] 翟文中，「中共與美國簽署『加強海上軍事安全磋商機制協定』之研究」，國防政策評論，第 5 卷第 1 期（2004 年秋季）。

[31] Eric A. Mcvadon , "U.S.-PRC Maritime Cooperation: An Idea Whose Time Has Come?", *Jamestown Foundation*, Volume 7 Issue 12 (June 13, 2007), http://jamestown.org/china_brief/article.php?articleid=2373469, accessed 2007/7/ 2.

的海事安全合作，能夠解決兩國部份爭端，並促進兩國海軍的合作。
另外，美國海軍協會（U.S. Naval institute）中國海上問題研究所
（China Maritime Studies Institute）所長古德斯坦（Lyle Goldstein）
先生，所寫的《美國海岸防衛隊打開和中國建立合作關係的大門（The
U.S. Coast Guard is opening the door to a cooperative relationship with
China）》[32]、及軍事事務專家哈羅蘭（Richard Halloran）先生所寫的
《海巡艦艇協助西太平洋巡邏（Coast Guard Ship Aids in Pacific
Patrol）》[33]，均提到美國海岸防衛隊與中國海洋執法機構，近年來引
人關注的頻繁交流。但這些文章僅專注於中美某一層面的海事安全
交流，至為可惜。

　　而在中國大陸自己方面，2005 年 1 月，中共時事出版社首次所
發行的〈海上通道安全與國際合作〉乙書，係由中國現代國際關係
研究院所主編，2003 年 2 月成立課題組進行編撰。該書在編撰時，
撰寫成員除先後組團出訪美國、日本、巴基斯坦、伊朗、馬來西亞
合新加坡等國外，並舉辦中共國內及國際專題研討會，以網羅中共
外交部、交通部、國家海洋局、公安部、海軍、武警等單位專家學
者意見[34]。堪稱代表中共內部對於海上交通線安全看法，資料較為
完整的文獻資料。

---

[32] 「美國專家談中美海事安全合作前景」，中國國際戰略研究網（北京），2007
　　年 11 月 28 日，http://worldoutlook.chinaiiss.org/display.asp?id=412，2007 年
　　12 月 10 日下載。

[33] Richard Halloran, "Coast Guard Ship Aids in Pacific Patrol", *Real Clear Politics*,
　　http://www.realclearpolitics.com/articles/2007/08/coast_guard_ship_aids_in_paci
　　f.html, accessed 2007/12/10.

[34] 中國現代國際關係研究院海上通道安全課題組，海上通道安全與國際合作
　　（北京：時事出版社，2005 年 1 月）。

　　而該書內容包括與海上安全有關之理論、恐怖活動對海上交通線安全的影響、區域海事安全合作概況、美日及中共海上交通線安全戰略等。論述範圍包括海事安全議題及交流合作現況，其中亦有與本研究相關之中美海事安全合作等文章。惟談及中美海事安全交流現況與限制，均是「點到為止」。這也突顯出從自身觀點，來討論與美國間的海事安全交流，實難跳脫「見樹不見林」的現實。

三、尚嫌不足之處

　　藉由上述文獻回顧可以看出，目前羅列與本研究相關之文獻，對於海事法的研究較為完整；另對於諸如美國與中共兩個特定國家之間的海事安全交流的討論，不若軍事交流的熱門，相關論著顯得十分貧瘠與偏頗。

海事安全交流之研究不若海事法豐富

　　由於廣義的「海事」定義，可由 1982 年《聯合國海洋法公約》規範及涵蓋。所以自《聯合國海洋法公約》通過後，標誌著各國管轄海域國土化的開始。各國為爭取自身最大利益，無不期望藉由對國際法的研究與解釋，尋求法理上的利基，並制定對自身有利的海洋基本法[35]；加上，各國為順利推動區域間，甚至國與國之間的海事交流，多需藉助國際法或相關國內海事法規相因應。故目前對於海事法的研究較為豐富，對照海事安全交流領域就顯得相對缺乏。

---

[35] 楊國楨，「早日制定我國海洋基本法」，中國海洋報（北京），1587 期（2007年 3 月 20 日），http://www.coi.gov.cn/oceannews/2007/hyb1587/21.htm，2007年 4 月 16 日下載。

海事安全研究多以亞太區域或單一國家為中心

　　由於海事合作議題具有區域性特質，已在歷屆南海對話機制中普遍受到重視，故區域間之安全研究仍是現今主要潮流；另一方面，十九世紀末，美國馬漢（Alfred Thayer Mahan，1840～1914年）的二本經世著作──海權對歷史的影響（The Influence of Sea Power upon History, 1660～1783年）、海權對法國革命與法蘭西帝國的影響（The Influence of Sea Power upon the French Revolution and Empire, 1793～1812），留給世人是國家要強大，必須要有制海權[36]。這使得許多國家，尤其是亞太地區，日益重視自身海權發展，有關自身或危及自身海事安全的相關研究，也就應運而生。所以與海事安全相關之研究與著作，多著重於區域安全，或單一國家為中心，較少談論到兩個國家間的海事安全關係。

對於中美海事安全交流缺乏客觀、全面的研究

　　也正因海事安全之研究著重於區域之間，所以對海事安全交流與合作的探討，自然較少觸及國與國之間的互動。對於亞太地區兩個重要國家－中共與美國的海事安全交流，僅〈海上通道安全與國際合作〉乙書較為具體。惟該書係中共的中國現代國際關係研究院所編撰，難免客觀性不足。而《中共與美國簽署「加強海上軍事安全磋商機制協定」之研究》、《中美海事合作：誰的時代來臨》、《美國海岸防衛隊打開和中國建立合作關係的大門》及《海巡艦艇協助西太平洋巡邏》等文章，卻又未能涵括中美各層面的海事安全交流，全面性亦不足。

---

[36] 孫光民，「『亞太安全合作理事會』下的海事安全合作」頁45-46。

目前論及中共與美國的軍事交流關係，常常忽略了中間那個默默發揮調節作用的蓄水池，也就是兩國間的海事安全互動。細究其原因有二：

◆ 從海事安全研究角度而言，軍事層面的海上聯合執法、搜救等交流，僅是海事合作的一小部分，故研究海事安全的學者，對此往往點到為止。

◆ 從軍事交流研究角度而言，兩國海洋執法機關間的交流合作，在研究軍事交流的學者眼中，遠不如海軍交流來得具有直接象徵意義，故對此亦多疏漏。

當世人目光集中在中美熱絡軍事交流的同時，中美於非傳統安全領域的海事安全互動，與軍事交流間之關係，也不應該被忽略。

四、本研究可能之貢獻

由於目前國內、外，有關中美軍事及海事安全交流的個別研究、著作，具有前述三項不足之處，所以本書試圖進行彌補，除希冀從第三者角度，探討中共與美國，這兩個亞太大國的海事安全交流議題外，並能達成下列三個方面的貢獻：

◆ 從目前中共海事安全與行政執法機關的發展與侷限，探究中美海事安全合作背後動機。

◆ 比較中美軍事交流與海事安全合作的進程，探究兩國軍事交流與海事安全合作間之關連。

◆ 藉由中共海事力量的崛起，與中美海事安全交流的侷限，探討未來發展及對區域安全影響。

第三節　研究目的

近年來，由於國際反恐的推波助瀾，使得中共得以藉由「綜合性安全」的領域，順利對外進行交流。中共於 2005 及 2006 年間，共計和巴基斯坦、印度、泰國、美國、塔吉克斯坦等國家，進行與「綜合性安全」概念相關的海上聯合搜救演習及聯合反恐演習[37]。2007 年 2 月 19 日，更首次派遣海軍兩艘飛彈護衛艦，從浙江寧波啟航，前往巴基斯坦卡拉奇（Karachi）港，參加於 3 月 6 日至 16 日所舉行的「和平-07」多國海上聯合搜救演習，美國亦派遣海軍艦艇參與該項演習[38]。這顯示近幾年來，中共與美國間的關係，正藉由非傳統安全領域的合作，而逐漸增溫。故在研究有關人民解放軍海上軍事力量擴張的傳統安全領域問題時，亦不能忽略中共另一股崛起的力量──海事安全力量，正藉由非傳統安全領域的合作，而逐漸壯大。

正逐步邁向海洋的中共，不得不與同屬亞太大國的美國合作。本書主要研究目的，試圖回答下列三個有關中美海事安全交流及中共海事組織發展的問題：

◆　中共是否企圖藉力使力，汲取美國海洋執法（我國稱海域執法、日本稱海上保安）經驗，以壯大自身海洋執法組織與兵力？

---

[37] 「2006 年中國的國防」，中國新聞網（北京），2006 年 12 月 29 日，http://www.china.com.cn/news/txt/2006-12/29/content_7576796_2.htm，2007 年 3 月 28 日下載。

[38] 「中國海軍首次參加海上多國演習 印巴高度關注」，新華網（北京），2007 年 3 月 8 日，http://big5.xinhuanet.com/gate/big5/news.xinhuanet.com/mil/2007-03/08/content_5815397.htm，2007 年 4 月 1 日下載。

◆　中共是否想順水推舟，以不具高階政治敏感性的海事安全合
作，突破自軍機擦撞事件後，中美所陷入的軍事外交困境？

◆　目前中共以海洋行政執法機關船艇，逐漸替代海軍艦艇，成為
第一線海洋執法兵力[39]。在中共海洋執法力量持續增強的情況
下，對區域安全造成何種程度的衝擊？

第四節　名詞界說

由於「綜合性安全」的概念與「海事安全交流」的領域，隨著
不同的研究主體而不盡相同。本研究係以中共海事安全發展為主，
並探討中共與美國間的海事安全交流。所以在本章節中，將界定本
書所提及之「綜合性安全」與「海事安全交流」的範圍及領域。

一、綜合性安全

1998 年 7 月，中共所公布的國防白皮書中，明白宣示「新安全
觀」的概念。之後幾年，「新安全觀」成為江澤民時期，中共的國家
安全戰略。

然而在 2006 年 12 月 29 日中共所發表的「2006 年中國的國防」
白皮書，不見前次國防白皮書所稱之「新安全觀」[40]，反而首次提

---

[39] 「2006 年中國海洋行政執法公報」，中國海洋信息網（北京），2007 年 2 月，
http://www.coi.gov.cn/hygb/hyzf/2006/index.html，2007 年 4 月 17 日下載。

[40] 2004 年中共所發表的國防白皮書中，第二章「國防政策」即提到「奉行獨立
自主的和平外交政策，堅持互信、互利、平等、協作的『新安全觀』」。這是

出「統籌發展與安全、內部安全與外部安全、『傳統安全』與『非傳統安全』，維護國家主權、統一和領土完整，維護國家發展利益，維護國家發展的重要戰略機遇期；努力構建互利共贏的合作關係，促進與其他國家的『共同安全』」的概念[41]。

這與本研究中所定義的「綜合性安全」概念有何關聯？以下便從「新安全觀」的源起與內涵，探討中共二十一世紀安全觀的微妙變化。

新安全觀的源起與內涵

「新安全觀」（New Security View）概念最早是 1996 年江澤民時代所提出的，當年 12 月，江澤民訪問印度、巴基斯坦、尼泊爾三國，在巴基斯坦參議院發表題為「世界睦鄰友好，共創美好未來」的演講，首次全面闡述發展與南亞國家關係的五點主張[42]。包括：第一，擴大交往，加深傳統友誼。第二，相互尊重，世代睦鄰友好。第三，互利互惠，促進共同發展。第四，求同存異，妥善處理分歧。第五，團結合作，共創未來。其中意涵已點出「新安全觀」的概念。

中共連續第 4 次在國防白皮書中闡述新安全觀的有關內容。1998 年的國防白皮書呼籲摒棄冷戰思維，培育新型的安全觀念，並首次從全球和地區安全的政治基礎、經濟基礎和現實途徑三個方面提出了這種新型的安全觀念應該包括的幾個方面。隨著中共新安全觀理論和實踐的完善，2000 年的國防白皮書提出，新安全觀的核心應該是互信、互利、平等、合作。2002 年國防白皮書強調，中國將堅持不懈地實踐互信、互利、平等和協作的新安全觀。見「『2004年中國的國防』白皮書」，人民網（北京），2004 年 12 月 27 日，http://www.people.com.cn/BIG5/shizheng/1027/3081796.html，2007 年 3 月 25日下載。

[41] 「2006 年中國的國防」，中國新聞網（北京）。

[42] 「中國跨世紀外交的光輝歷程」，中華人民共和國外交部網站（北京），http://www.fmprc.gov.cn/chn/ziliao/wzzt/zt2002/2319/t10827.htm，2007 年 3 月28 日下載。

　　1998 年 7 月中共所公布第二份國防白皮書中，第一章「國際安全形勢」即提到「各國應在相互尊重主權和領土完整、互不侵犯、互不干涉內政、平等互利、和平共處五項原則基礎上建立國與國之間的關係」。明白宣示中共的「新安全觀」的概念[43]。

　　1999 年 3 月 26 日，江澤民以中國國家主席身份，在日內瓦裁軍談判會議上發表題為「推動裁軍進程，維護國際安全」的講話，全面闡述中共的「新安全觀」。提出以軍事聯盟為基礎、以加強軍備為手段的舊安全觀無助於保障國際安全，必須建立適應時代需要的新安全觀[44]。

　　依據中共國防白皮書的闡述，「新安全觀」內涵是指「互信、互利、平等、協作，以對話增進互信，以協商化解矛盾，以合作謀求穩定」的安全建構[45]。而中共在制定反恐政策、開展國際反恐合作的指導原則，即是互信、互利、平等、協作的新安全觀[46]。

---

[43] 「『1998 年中國的國防』白皮書」，中安在線（北京），2006 年 12 月 29 日，http://mil.anhuinews.com/system/2006/12/29/001639785.shtml，2007 年 3 月 25 日下載。

[44] 刀書林，「亞太海上通道地理界定和安全合作初探」，中國現代國際關係研究院海上通道安全課題組，海上通道安全與國際合作（北京：時事出版社，2005 年 1 月），頁 75。

[45] 「國防白皮書：堅持互信　互利　平等　協作的新安全觀」，新華網（北京），2004 年 12 月 27 日，http://news.xinhuanet.com/mil/2004-12/27/content_2384970.htm，2007 年 5 月 5 日下載。

[46] 「中國制定反恐基本政策的原則：互信互利平等協作」，中國新聞網（北京），2003 年 2 月 10 日，http://www.chinanews.com.cn/n/2003-02-10/26/270983.html，2007 年 5 月 5 日下載。

安全、威脅與新安全觀

通常人們將「安全」分為「傳統安全」和「非傳統安全」兩大類（如表 3）。「傳統安全」主要指軍事、國防安全，以及領土、主權上所關注的議題，這類安全問題都是人為的安全威脅，所針對的目標是有選擇的；「非傳統安全」則主要包括文化、經濟、金融、資訊、資源、環境、生態、食物等安全，這類安全問題不是人為的安全威脅，沒有明確的威脅對象。

雖然在新的「人的安全」（human security）概念中，安全是來自於日常生活之條件，是由食物、居所、就業、健康、與大眾安全之範疇來界定，而不再是依於傳統上國家的外交關係與軍事力量之變化。但由於各國在安全上的認知不同，因此迄今在「人的安全」之詮釋與執行上仍未取得共識。惟若從國家安全之角度切入來認知對國家整體之威脅，一般存有議題與利益兩個不同學派之看法（如表 4）[47]。

進入二十一世紀，非傳統安全重要性與日俱增，已成為各國高度關注的安全內容[48]。這些威脅的類型包括震驚可能性（potential for surprise）而來之威脅，例如恐怖主義、擴散等；非國家行者引發之威脅，例如毒品、電腦、組織等犯罪；藉由秘密、隱匿、偽裝、否認與欺騙（C^3D^2）手段之威脅，例如各種欺敵之反情報或情報作為；反進入能力（counter-access Capabilities）、反精確攻擊能力（counter-precision engagement capabilities）；非對稱性挑戰之威脅，例如電子、資訊戰等；海盜之威脅；交往挑戰之安全威脅，例如人道救援等，

---

[47] 汪毓瑋，新安全威脅下之國家情報工作研究（台北：財團法人兩岸交流遠景基金會，2003 年 3 月），頁 213。

[48] 「科技新詞彙」，中國科技信息網（北京），2003 年 6 月 4 日，http://www.chinainfo.gov.cn/data/200306/1_20030604_59243.html，2007 年 2 月 28 日下載。

且應注意到部隊常在具挑戰性之「非對稱環境」下執行，如都市中心、或偏僻地區、嚴苛地區，或是有限的基礎設施、不適當的健康與公共衛生設備、或其它有毒污染之低度發展地區執勤，而應重新設計作戰準則；及區域性衝突議題之威脅等[49]。

　　依照「新安全觀」的內容，已試圖涵括上述傳統與非傳統安全領域。所以在江澤民時期，「新安全觀」的概念一直是中共對「非傳統安全」領域的說法[50]。

表 3　「安全」的分類與比較

安全分類	傳統安全 （或稱軍事安全）問題	非傳統安全 （或稱新興安全）問題
主體	國家	個人與公眾
內容	重視國家主權與領土的完整	不涉及領土、主權的問題，而是對人的生命所進行的關注
範圍	從外界對內部的威脅	內部自發的威脅
內涵	如國家主權、領土完整、軍事、軍備、軍控或裁軍等問題。	如環境保護、有組織跨國犯罪、恐怖主義、海盜、走私、販毒以及販賣人口等問題。
手段	以軍事作為追求安全的手段	以政治、經濟作為追求安全的手段，並突出治理與全球治理的重要性
威脅對象	人為的安全威脅	非人為的安全威脅

作者依據劉復國，「綜合性安全與國家安全：亞太安全概念適用性之檢討」，問題與研究，第 38 卷第 2 期（1999 年 2 月）及王崑義，「解析『中國國防白皮書』的安全觀」，整理製表，2007 年 4 月 27 日

---

[49] 汪毓瑋，新安全威脅下之國家情報工作研究，頁 62。
[50] 王崑義，「解析『中國國防白皮書』的安全觀」，http://blog.libertytimes.com.tw/wang88899/2007/02/17/227，2007 年 2 月 28 日下載。

表 4 新威脅認知之方法途徑

學派	利益學派	議題學派
看待威脅角度	從較傳統的地緣政治結構、文明政治、經濟民族主義之角度看待威脅，置焦點於霸權、平衡與協調等之運作，如此國家間之競爭可以避免、管理、或成功的加以指導。且國家安全是由國家利益之視野來決定，置焦點於國際體系中，儘可能減少對於主權國家之危險。	從兩個面向看待威脅，一是中心與邊緣國家更多潛在衝突之垂直議題，即邊緣國家欲以各種方式吸引中心國家之注意，或避免更邊緣化、或受到中心國家之強制逼迫；另一是跨國性危險，包括了擴散，種族、部落、或宗教戰爭，國際性犯罪，恐怖主義，過多人口與移民，環境問題，資訊革命等。
關切重點	國家安全、主權及市民個人權利	全球安全、非國家行為者

作者依據汪毓瑋，新安全威脅下之國家情報工作研究（台北：財團法人兩岸交流遠景基金會，2003 年 3 月），頁 213-214，整理製表，2007 年 6 月 8 日

新安全觀與其他新的安全觀之比較

　　另一方面，冷戰結束後，全球化成為人類社會無法抵擋的浪潮。相關「安全」與「威脅」的問題日益複雜，新的安全觀隨著不同的區域特性應蘊而生。綜觀目前國際間所發展之新的安全觀，較具代表性的，除了前述的「新安全觀」外，還包括「合作安全」、「共同安全」及「綜合性安全」。

◆ 共同安全（Common security）

　　「共同安全」一詞，首見於 1982 年「帕姆委員會（the Palme Commission）」所提出之報告－共同性安全：生存的一個藍圖（Common Security: A Blueprint for Survival）[51]。「共同安全」成為

---

[51] 李文志，「全球化對亞太安全理念的衝擊與重建：理論的初探」，政治科學論叢第 22 期（2004 年 12 月），頁 40。

歐洲安全暨合作會議（CSCE）的基本理念，並主張：各國對避免戰爭都負有共同責任；應以「相互確保生存」取代「相互確保摧毀」，共同裁減和限制軍備以降低戰爭的危險[52]。「共同安全」的運作主要通過「信心建立措施」的安排，並要求歐安組織成員國的軍事行動受到共同規範的制約，實現各國軍事意圖透明化，降低因情報失真或錯誤判斷而可能導致的危險。

◆ 合作安全（Cooperative security）

1990 年 9 月，加拿大外長克拉克（Joe Clark）在聯合國大會上發表「北太平洋合作安全對話（North Pacific Cooperative Security Dialogue, NPCSD）」的演講，首次提出「合作安全」的構想[53]。在某些方面，「合作安全」與「共同安全」有其相似之處，如二者都建立在共同的安全利益基礎上；都主張必須要與潛在的敵國合作，來達成安全的目標；都隱含部分「綜合性安全」的看法，嘗試將安全的定義，擴大到非軍事層面。但軍事問題的協商與合作，仍是「合作安全」的主要關注。從「合作安全」理念在亞太地區推動的過程來看，其與「共同安全」最大的不同是對非正式途徑的重視[54]。「合作安全」同時強調預防外交的重要性，與其讓安全情勢惡化，不如在

---

[52] David B. Dewitt 1993. "Concept of Security for the Asia-Pacific Region in the Post-Cold War Era: Common Security, Cooperative Security, Comprehensive Security." Paper presented at *Seventh Asia-Pacific Roundtable: Confidence Building and Conflict Reduction in the Pacific*, 6-9 June, Kuala Lumpur.

[53] 李琥，「亞太多邊安全中的『第二軌道』」，海外中國青年論壇（美國麻州），第 1 卷第 4 期（2001 年 11 月 30 日），http://www.oycf.org/perspectives/Chinese/Chinese_4_11302001/LiHu.htm，2007 年 4 月 8 日下載。

[54] 李文志，「全球化對亞太安全理念的衝擊與重建：理論的初探」，頁 42。

平時或對立未發生前，採取必要的措施，來防止情勢惡化以解除危機[55]。

◆ 綜合性安全（Comprehensive security）

全球化社會所面臨的安全問題已經被政府和學術界概念化為「綜合性安全」或「非傳統安全」，其基本假設認為目前全球多元化的發展趨勢，影響國家安全的問題不只是純粹軍事的因素，許多涉及非軍事的問題也有同樣的重要性。在這種情形下，許多問題看似純粹一般政策性問題，卻有安全的影響。例如 SARS 疫情的擴散正好符合「綜合性安全」的議題範疇之中[56]。「綜合性安全」概念與「共同安全」雖然均強調合作性的本質，但在亞太區域，採取非軍事性的手段的「綜合性安全」概念，似乎更能為區域國家所認同。與傳統的安全概念界定相比較，可以清楚的看出「綜合性安全」概念所強調的各種因素已經跳脫傳統的軍事安全概念界定範圍[57]。做為亞太區域中，外交的第二軌道安全合作機制，亞太安全合作理事會（Council for Security Cooperation in the Asia Pacific, CSCAP）必須遵循兼容並蓄的原則，才可能擺脫傳統上各國對安全事務議題的敏感度，尋求在安全領域中進行合作的可能性。所以，亞太安全合作理事會（CSCAP）於 1996 年所發布的第三份備忘錄（Memorandum No.3）「綜合性暨合作性安全概念」，對「綜合性安全」做出明確的

---

[55] 鄭端耀，「新型安全觀與兩岸關係」，，發表於「當代思潮系列（社會建構論與兩岸關係：理論與實踐的對話）」討論會（台北：政大國關中心主辦，2002 年 11 月 20 日）9，http://iir.nccu.edu.tw/newact/%E6%96%B0%E5%9E%8B%E5%AE%89%E5%85%A8%E8%A7%80.htm，2007 年 3 月 25 日下載。

[56] 「科技新詞彙」，中國科技信息網（北京）。

[57] 劉復國，「綜合性安全與國家安全——亞太安全概念適用性之檢討」，頁 29。

界定：「綜合性安全是在國內和外在範圍中，針對所有的領域（個人、政治、經濟、社會、文化、軍事、環境）追求永續的安全，特別是透過合作的方式」[58]。此已涵括日本及東協的「綜合性安全」概念。

表 5　新的安全觀之分類與比較

	提出背景	內容涵義	涵蓋安全領域
共同安全	首見於歐安會議在 1982 年「帕姆委員會」所提報告，希望以避戰是共同責任的理念，遏止美蘇冷戰進一步惡化而可能導致的核戰。	各國藉由正式的合作途徑，共同降低戰爭的可能性，而非以強硬對抗的軍事同盟，或雙邊協防條約來阻止戰爭。	以傳統安全為主
合作安全	加拿大外長在 1990 年 9 月，聯合國大會提出，有意仿歐安會議的「共同安全」概念，以解決冷戰後的亞太安全問題。	特別強調非正式途徑，尤其是在沒有特定藍圖、計畫與組織下，以非正式的途徑、彈性漸進及結果取向的做法，逐步建構亞太的安全體系。	以傳統安全為主
新安全觀	江澤民於 1996 年訪問印度、巴基斯坦、尼泊爾三國時，首次提出「新安全觀」的概念。	其核心是互信、互利、平等、合作。各國相互尊重主權和領土完整、互不侵犯、互不干涉內政、平等互利、和平共處五項原則以及其他公認的國際關係準則。	概略涵括傳統與非傳統安全
綜合性安全	主要提出者是東亞國家，包括剛歷經殖民統治獨立的東南亞國家，及歷經 1970 年代石油危機的日本。	從政治、軍事、經濟、社會與種族等面向，賦予安全內涵，但又區分為強調外在經濟安全需求的日本觀點，與重視國內穩定發展的東南亞安全觀點。	以非傳統安全為主

作者參考李文志，「全球化對亞太安全理念的衝擊與重建：理論的初探」，政治科學論叢，第 22 期（2004 年 12 月），整理製表，2007 年 4 月 8 日

[58] David Dickens, ed., *No Better Alternatives: Towards Comprehensive and Cooperative Security in Asia-pacific*(Center for Security, New Zealand, 1997), Appendix, pp. 161-167.

　　經由表 5 的綜合比較可以看出,「新安全觀」意味著超越了傳統單邊安全的「共同安全」概念,是建立在共同利益的基礎之上;也意味著「合作安全」的內涵,即以合作求安全;又意味著一個國家的安全不再是單一面向的,而是綜合性的,不只包括軍事和政治安全,也擴展到經濟、科技、環境和文化等非傳統安全的領域;與「綜合安全」相關,它也強調非傳統安全的重要性。

從新安全觀到非傳統安全領域

　　中國學者認為「新安全觀」過去之所以會被普遍使用,主要是因為因應二十一世紀非傳統安全威脅的增加,「新安全觀」似乎涵蓋面較廣[59]。既然如此,為何 2006 年的國防白皮書中,不再提「新安全觀」一詞?

　　其關鍵在於不同種類的安全觀,只不過是從國際間一直存在的「安全」與「威脅」問題中演變而來。中共試圖以獨樹一格的「新安全觀」,來包含傳統安全與非傳統安全領域,反而常常容易造成混淆。因此,到胡錦濤時期,對外正式文件中,已經較少再使用「新安全觀」的字辭。但一般的學者還是認為中共在外交的操作仍然隱含「新安全觀」的精神,這就如他們認為「上海合作組織」就是體現中共對外倡導「新安全觀」,對內堅持「上海精神」的組織。也是中共作為維護地區與世界和平穩定、推動國際關係民主化、促進建設和諧世界的重要力量。而「互信、互利、平等、協作,尊重多樣文明、謀求共同發展」的「上海精神」,本身就包含了「新安全觀」

---

[59] 「中國代表在亞洲安全大會上闡述中國新安全觀」,新華網(北京),2006年 6 月 5 日,http://big5.xinhuanet.com/gate/big5/news.xinhuanet.com/world/2005-06/05/content_3045739.htm,2007 年 5 月 11 日下載。

的核心精神。只是他們並沒有發現中共的領導階層雖然還接受「新安全觀」的精神，但正式的國際宣言卻已經不再使用「新安全觀」的用語，反而在「宣言」中以「非傳統安全」這個概念加以取代[60]。

　　事實上，在國際關係領域中，只有強權與強權之間才有「非傳統安全」的對話空間，強權對小國似乎還無法擺脫必須跟他們周旋在「傳統安全」領域，如美國對伊拉克的武力使用、對伊朗發展核武也是不願意在「非傳統安全」領域中進行對話。反觀中共的作法也差不多，中共一涉及到主權、領土的問題，就不願跟台灣民選政府進行「非傳統安全」的對話[61]。所以對於中共與美國這兩個亞太大國而言，非傳統安全領域的對話，刺激了雙方的交流發展。

綜合性安全──中美安全觀的最大公約數

　　2001 年所發生的「911」事件，其所引發修正傳統安全概念的強烈企求，以及隨之而來全球反恐作戰實務層面的需求，使得強調統合國內、外事務及廣義安全內涵的「綜合性安全」，反而比較符合實際情勢的需要。相對於偏重軍事安全及程序民主的「共同安全」及「合作安全」，「綜合性安全」的目標指涉，顯然更符合安全理論發展及滿足美國在實務上的需要[62]。

　　做為亞太區域中，外交的第二軌道安全合作機制，亞太安全合作理事會（Council for Security Cooperation in the Asia Pacific,

---

[60] 作者於 2007 年 4 月 20 日，參加淡江大學國際事務與戰略研究所主辦之「前瞻 21 世紀的戰略思潮──第三屆戰略學術研討會」中，請教上海國際問題研究所國際戰略研究中心主任夏立平教授所得觀點。

[61] 汪毓瑋，「中國反恐作為及對國際之戰略意涵」，戰略安全研析，第 7 期（2005年 11 月）。

[62] 李文志，「全球化對亞太安全理念的衝擊與重建：理論的初探」，頁 51。

CSCAP）必須遵循兼容並蓄的原則，才可能擺脫傳統上各國對安全事務議題的敏感度，尋求在安全領域中進行合作的可能性。所以，亞太安全合作理事會（CSCAP）於 1996 年所發布的第三份備忘錄（Memorandum No.3）「綜合性暨合作性安全概念」，對「綜合性安全」做出明確的界定[63]，此已涵括日本及東協的「綜合性安全」概念。

　　美國及中共均屬亞太區域國家，而對於「綜合性安全」概念的適用，已經逐漸呈現在兩國的安全政策中。以擁有軍事力量優勢的美國為例，一直不願真正放棄軍事安全的傳統安全概念，代之以非軍事性安全因素。但在美國所發布的「1998 年東亞戰略報告（East-Asian Strategy Reports, EASR）」中，已正式標示二十一世紀跨國安全的挑戰，隸屬於「綜合性安全」範圍，並明列恐怖主義、環境惡化、傳染性疾病、毒品走私、能源問題、人道救援，為威脅安全的實質內容[64]。

　　另一方面，雖然中共並未在其安全政策中，明確界定「綜合性安全」概念的內涵。但從其 2006 年國防白皮書中，特別提及「國家間相互依存的利益關係逐步加深。傳統安全領域的對話不斷增多，非傳統安全領域的合作深入發展。」看得出中共已開始正視「非傳統安全」，並隱約透露出中共逐漸體認「綜合性安全」概念的重要。

---

[63] 劉復國，「綜合性安全與國家安全──亞太安全概念適用性之檢討」，頁 31。備忘錄全文參見 David Dickens, ed., *No Better Alternatives: Towards Comprehensive and Cooperative Security in Asia-pacific*(Center for Security, New Zealand, 1997), Appendix, pp. 161-167.

[64] "SECRETARY OF DEFENSE RELEASES EAST ASIA STRATEGY REPORT", *U.S. Department of Defense Office of the Assistant Secretary of Defense (Public Affairs)* November 24, 1998, http://www.defenselink.mil/releases/release.aspx? releaseid=1919 , accessed 2007/4/8.

　　胡錦濤上台以後，從 2003 年提出「和平崛起」，到目前推行「和諧外交」的觀念下，發現「新安全觀」太過於理想主義，掩蓋了權力的本質。因此，當中國崛起後，「新安全觀」無法處理「傳統安全」的問題時，中共並沒有一個配套的說法，這就不符合一方面要建構「和諧世界」，但一方面仍不斷發展武力的意涵。其次，2001 年的「911」恐怖攻擊事件及 2003 年春天的 SARS 疫情，使得中共試圖以「新安全觀」，來包含傳統安全與非傳統安全領域，反而常常容易造成混淆。所以中共乾脆不再使用「新安全觀」，直接採用「傳統安全」與「非傳統安全」的分類方式[65]。這也顯示中共企圖藉此把與美國的對話拉到「非傳統安全」領域，以免造成兩國呈現「霸權與霸權」對抗的情況。

　　綜合以上所述，可以看出「綜合性安全」是中美安全觀的最大公約數。而為利後續研究，本書所論述的「綜合性安全」概念，將以亞太安全合作理事會（CSCAP）於 1996 年所發布的第三份備忘錄（Memorandum No.3）中，所定義之綜合性安全：「綜合性安全是在國內和外在範圍中，針對所有的領域（個人、政治、經濟、社會、文化、軍事、環境）追求永續的安全，特別是透過合作的方式」為主。

二、海事安全合作

　　美國海軍戰爭學院的馬漢將軍，揭櫫了傳統的海權思想：國家的強大要靠制海權。在此思想下，海事安全與合作侷限在以軍事為重的海上運輸安全保障。及至 1982 年 12 月 10 日，聯合國於牙買加

---

[65] 王崑義，「解析『中國國防白皮書』的安全觀」。

首都蒙特哥灣（Montago Bay），所通過的《聯合國海洋法公約（United Nations Convention on the Law of the Sea）》，賦予了「海事安全與合作」一詞更廣泛的意義。

「海事安全」的內涵

何謂「海事安全」？這可從「海事」及「安全」兩個概念分別解釋。「海事」是一個十分龐雜而籠統的概念，有很長的一段時間，人們口中所謂的「海事」，指的是海上的軍事及輪船貨運安全[66]。

「海事」一詞，概略上有狹義和廣義之分。狹義的「海事」是純法學概念，即《海事法》。海事法作為一個規範體系，所涵蓋的法律範圍分屬不同的法律部門和法學分科，既包含國內法內容，又具有國際法屬性，所以這裡所定義的「海事」，完全是法律和經濟層面的涵義，不包含政治和軍事層面的內容[67]。廣義的「海事」定義，基本上可由《海洋法》規範及涵蓋。但隨著國際形勢的變化，一些新的問題也正納入海洋法的規範中，如海上恐怖主義、大規模殺傷武器對海上交通線的威脅，以及海洋科技合作等問題。因此，當代「海事」概念應具有更為廣泛的涵義，包括一切涉海事務。

而「安全」是確保個人和國家的生存與發展，避免內、外風險或危機的一種狀態或環境。「安全」應該是動態的、暫時的、相對的。所以「海事安全」則應指涉及一切涉海事務的安全。而中共所體認的海事安全為「個人或國家在海上的活動、權力與利益不受到外部

---

[66] 孫光民，「『亞太安全合作理事會』下的海事安全合作」，頁47。
[67] 孫渤，「中美海事安全合作」，中國現代國際關係研究院海上通道安全課題組，海上通道安全與國際合作（北京：時事出版社，2005年1月），頁379。

政府或非政府力量的侵害或遭遇風險。其實質是要確保一國儘可能取得對世界海洋（包括內海和相連水域）充分而有效的利用」[68]。

另一方面，美國布希總統（George Walker Bush）於 2005 年 9 月公布《國家海事安全戰略（The National Strategy for Maritime Security）》，以有效對付海上恐怖主義[69]。其中，美國認為海事安全是「確保海上行動的自由，包括海上航行、貿易往來的自由，及保障海洋資源」。而海事安全的威脅，包括了民族國家、恐怖主義、海盜和跨國犯罪、環境破壞、海上非法入境等[70]。

由於本研究係以美國及中共為主，在綜合兩國對於海事安全的定義後，本書所提之海事（海上或海洋）安全，將界定於「確保一國海上航行、貿易及海洋資源等涉海事務的自由與安全」。

海事安全對中共國家安全的重要

海事安全近來已經成為中共國家安全的重要領域，而海上交通線安全，更是維護中共國家發展利益的重要保障。所以中共總書記江澤民在 1995 年 10 月視察海軍部隊時曾說過：「開發和利用海洋，對於我國的長遠發展將具有越來越重要的意義。我們一定要從戰略的高度認識海洋，增強全民族的海洋意識」[71]。2002 年 3 月 5 日，

---

[68] 傅夢孜，「海上安全與國家安全」，中國現代國際關係研究院海上通道安全課題組，海上通道安全與國際合作（北京：時事出版社，2005 年 1 月），頁 7-8。

[69] 汪毓瑋，「國際反恐作為須協同一致」，青年日報，2006 年 1 月 15 日，版 3。

[70] "The National Strategy for Maritime Security", *the white house website*（*Washington, D.C.*）, September 20 2005, http://www.whitehouse.gov/homeland/maritime-security.html, assessed 2007/4/1.

[71] 焦永科，「弘揚海洋文化　發展海洋經濟」，中國海洋報（北京），第 1407 期，電子檔見 http://www.soa.gov.cn/zhanlue/14073a.htm，2007 年 6 月 5 日下載。

　　江澤民在聽取海南省人大代表彙報海洋工作時，進一步強調指出：
「建設海洋強國是新時期的一項重要歷史任務」[72]。中共十六大報
告中，更明確提出「實施海洋開發」的戰略決策[73]。中共國務院也
在 2004 年《政府工作報告》中指出，為解決中國社會經濟發展過程
中的能源瓶頸制約問題，保障中國社會經濟持續發展，構建和諧社
會，應重視海洋資源開發與保護，國家開發海洋資源的戰略決策[74]。

　　目前，中共主要還是依靠解放軍海軍來保衛自己的海洋利益。
但是單以海軍來防衛近岸乃至近海經濟海域的安全，將使中共海上
防衛力量捉襟見肘，難以提供充分的安全保障。為維護國家發展利
益和安全邊界的擴展，中共近來除強化海洋意識、發展海洋戰略外[75]，
目前更欠缺的是在海軍茁壯的同時，增強軍事以外維護海事安全的
能力，這也就是中共近來積極建設的海洋執法力量。

中美「海事安全合作」領域

　　回溯整個亞太地區，最早提到海事安全合作的正式場合，應是
「東協區域論壇（ASEAN Regional Forum, ARF）」[76]。而美國與中

---

[72] 王曙光，「準確把握海洋管理工作的重大意義」，中國海洋報（北京），第 1407
期，電子檔見 http://www.soa.gov.cn/leader/14071d.htm，2007 年 6 月 10 日下載。

[73] 「江澤民在黨的十六大上所作的報告」，新華網（北京），2002 年 11 月 17 日，
http://big5.xinhuanet.com/gate/big5/news.xinhuanet.com/newscenter/2002-11/17/
content_632260.htm，2007 年 6 月 10 日下載

[74] 金永明，「淺談國家海洋惟權執法」，中國海洋報（北京），2005 年 3 月 18
日，電子檔見 http://www.scssinfo.com/HYGL/news/Gl_0186.htm，2007 年 5
月 6 日下載

[75] 「中國迫切需要增強海軍力量維護海上貿易通道」，中國新聞網（北京），2007
年 1 月 12 日，http://jczs.news.sina.com.cn/2007-01-12/0810426287.html，2007
年 5 月 6 日下載

[76] 孫光民，「『亞太安全合作理事會』下的海事安全合作」，頁 48。

共，恰好也是該論壇參與國家之一。不同於傳統軍事安全概念的海事合作，海事安全係指以綜合性安全概念為基礎的海事合作，包括航運安全性、海洋污染的控制、合作性海事科學研究和資源管理典則的建立[77]。屬於東協區域論壇第二軌的亞太安全合作理事會（CSCAP），曾經在 1997 年 12 月，以「第四號備忘錄（Memorandum No.4）」的形式，公布「區域海事合作綱領（Guideline for Regional Maritime Cooperation）」[78]。該綱領雖不具有法律約束力，但已為各國海事部門設立了廣泛的合作行為準則。美國與中共也從中逐漸培養出海事安全合作的默契，可算是中美海事安全交流的基礎之一。

　　依據「區域海事合作綱領」中所提及之海事合作模式，並回溯美國與中共的海事交流史，兩國在建交後，便自「海洋科學研究」、「海洋資源與環境保護」、「港口及海上交通線安全」、「海軍合作」等領域，逐步建立海事安全合作基礎。其中「海軍合作」可以歸納為「綜合性安全」的軍事層面合作，這方面交流更擴及到日後兩軍其他層面的交流合作。

第五節　研究途徑與方法

　　在學術研究的領域當中，每個學科均有其研究途徑（Research approach）和研究方法（Research method）。研究方法指的是蒐集與處理資料的手段和步驟；研究途徑指的是研究的原則性方向，亦即

---

[77] 劉復國，「國家安全定位、海事安全與台灣南海政策方案之研究」，頁 5。

[78] "CSCAP MEMORANDUM NO. 4, Guidelines for Regional Maritime Cooperation", http://aus-cscap.anu.edu.au/memo4.html, accessed 2007/4/1.

用來選擇問題與蒐集相關資料的標準[79]。以下便從研究途徑與研究方法兩個方面分別說明。

一、研究途徑

在國際關係學當中，「安全」不是一個新的概念，然而卻是一個在不斷發展的概念。早期安全研究的一項重要成果是 1950 年代初「安全困境」論的提出，其創始者是出生於德國的美籍政治學家赫茲（John H Herz）[80]。其後，學者常以「安全困境（Security delimma）」的概念，來分析亞太情勢，亦即地緣政治、權力平衡及心理因素，造成了亞太國家陷入了相互惡化的安全困境環境[81]。但為探究中美的海事安全互動，若能加入非傳統安全領域為主，且同為中美兩國安全觀的交集點──「綜合性安全」概念，較易解釋目前兩國日益熱絡與深化的交流。

採用歷史研究途徑

所以本書採取的是「歷史研究途徑」，其重點落實在政治制度的歷史發展層面，而研究其源起、演變與發展[82]。並從非傳統安全領

---

[79] 朱浤源主編，撰寫博碩士論文實戰手冊（台北：正中書局，2005 年），頁 155-156。

[80] 任曉，「安全──一項概念史的研究」，外交評論－外交學院學報，2006 年第 5 期，http://www.irchina.org/news/view.asp?id=1330，2007 年 4 月 9 日下載。

[81] 丁永康，「二十一世紀初東北亞國際政治新秩序：持續與變遷」，發表於「新世紀亞太情勢與區域安全」研討會（台北：政大國關中心主辦，2003 年 4 月 29 日），頁 29。

[82] 19 世紀末葉，政治學成為一門專門的學問，從而步入形成階段，此後政治學有兩個明顯的取向，包括「制度研究取向」及「行為研究取向」，其中「制

域為主的「綜合性安全」概念切入，探討中美兩國海事安全合作發展的進程，以及與軍事交流間之關係，逐步分析中美海事安全合作的動機與目的。

其次，根據「綜合性安全」概念的界定，區域內國家在安全上考量應包括個人安全、次國家團體安全、國家安全、區域安全、全球安全等安全層面。在低於國家的層次，由國家運用資源保障個人權益與福祉；在高於國家的層次中，由國家扮演一主要交涉合作主體。透過國與國合作共同解決非軍事性因素的安全威脅，並建構區域性合作機制達成安全的目的[83]。

以「國家」為分析層次

由於「綜合性安全」概念在亞太地區已經普遍獲有區域內國家的共識，當然也包括美國及中共。雖然，安全概念內涵包括從個人起始到國家、區域及全球的層次，但是無可否認，國家仍然是最主要的安全主體，而在亞太安全合作理事會所公布的區域海事合作綱領，也是以國家間的合作為主。所以本研究的分析層次係以國家（state）為主體。

二、研究方法

由於本研究探討中共與美國間的海事安全互動，所以資料來源主要為中共及美國出版的原始資料、文件、圖書、期刊、雜誌和報

度研究取向」包括歷史及法律兩個研究途徑。見朱浤源主編，撰寫博碩士論文實戰手冊，頁 185。

[83] 劉復國，「綜合性安全與國家安全——亞太安全概念適用性之檢討」，頁 35。

紙等,以作為研究兩國海事發展與海事安全交流的依據。期能獲得來自中共及美國官方的觀點,論證中美海事安全交流政策立場與發展情況。採用中共及美國官方文件資料,有助於釐清兩國在海事安全交流議題上的官方立場。惟在本研究中,涉及兩國軍事交流層面之部分篇幅,較難透過中共官方文件一探究竟。因此仍需透過美國學者相關研究成果、中美相關官方人員談話、文件、旅外大陸學者、智庫專家分析著作,以及國內學者對有關議題的研析觀點等,進行比較分析與推論,理順、擷取可信度最高的論述,使本研究能完整呈現出兩國海事安全互動的全貌。

在資料的研究與處理方法上,本書主要是採取「文獻分析法(Document Analysis)」,對相關文獻資料進行描述與分析,並建立研究架構。「文獻分析法」是社會科學研究領域中,非實驗性的研究方法(non-experimental method)[84]。在確定上述史料來源的真實性後,必須加以整理、歸納、比較,以區別其差異,並分析相關歷史事件的淵源、原因、背景、影響及其意義等,以獲得研究結論。

「好的情報,80%是透過公開資料獲得,剩下的20%才是諜報」[85]。此意即大量搜尋與閱讀公開資料,有助於提高研究內容的可信度。對此,美國研究中共解放軍的專家艾倫(Kenneth Allen)亦同意此說法,認為1990年代美國對解放軍研究所存在的最大問題,在於語言限制,導致美國軍方太少鑽研於中國的公開資料[86]。美國情報界

---

[84] 朱浤源主編,撰寫博碩士論文實戰手冊,頁186。

[85] 作者於96年4月10日向林中斌教授請益時,所得觀點。

[86] Kenneth Allen , "US-China Military Relations: Not a One-Way Street", *The Henry L. Stimson Center*, December 10, 1999, http://taiwansecurity.org/IS/Stimson-991210-US-China-Military-Relations.htm, accessed 2007/3/19.

近來也逐漸重視公開情報（Open source intelligence）[87]。2005 年 11 月，美國中央情報局成立了「公開情報中心」，該中心的主要任務就是每天在全球各個網站、論壇裏搜集各種各樣的軍事資訊。依靠這些資訊，美國不僅能發現別的國家最新的軍事動向，而且連該國某些機密的武器發展計畫，也可能由於網友的無意識透露而被美國情報機構掌握[88]。所以本研究將廣泛蒐集國內各大圖書館及研討會專家公開發表之各項文獻資料及參考文件，並透過浩瀚的網際網路等公開資訊，獲得國外智庫等相關研究文獻。逐一閱讀、分析、歸納與整理，藉以瞭解美國與中共海事安全交流關係。

第六節　研究範圍與限制

為順利達成本研究的目的，本章節將針對研究範圍與限制，先進行律定。

一、研究範圍

由於本研究主要探討中共的海事安全組織發展，以及與美國間的海事安全互動。所以主要範圍可區分「時間縱軸」與「空間橫軸」兩個方面：

---

[87] "Open source intelligence center", *CNN (Washington, D.C.)*, November 8, 2005, http://www.cnn.com/2005/POLITICS/11/08/sr.tues/, accessed 2007/4/7.

[88] 「美中情局從中印等國軍事網站及論壇搜集情報」，環球時報（北京），2006 年 6 月 22 日，http://news.xinhuanet.com/world/2006-06/22/content_4731121. htm，2007 年 8 月 7 日下載。

時間縱軸

中美的海事安全互動與軍事交流，源自兩國正式建交後，才有了大幅的發展。此外，在文獻回顧乙章中，曾提及「911」事件發生後，所形成的國際反恐潮流，讓中共搭了順風車，運用反恐名義，以降低國際間對於「中國威脅論」的疑慮，順利擴大與外國軍隊交流。由於美國對於二十一世紀反恐需求的急迫性，促使兩國逐漸恢復海事安全交流，並得以順利突破自 2001 年軍機擦撞事件後，兩國的軍事外交困境。

所以假設中美的軍事及海事安全交流是彼此互相牽動，且均受到兩國政治等層面的影響而時冷時熱為前提下，本書之時間縱軸，將設定自 1979 年中美建交迄 2007 年底，並置重點於 2001 年 9 月 11 日美國所發生的恐怖攻擊事件後，中美海事安全交流關係的變化，以探究未來發展趨向。

空間橫軸

除此之外，由於本研究在中美兩國於西太平洋地區，所從事以非傳統安全為主的「綜合性安全」交流合作。所以本研究面向，一方面探討中共與美國海事安全與行政執法機關發展重點，一方面為探究兩國之間，強化海事安全交流的動機、特徵及未來發展。有關中美海洋安全政策與執法機關的發展，為本研究空間橫軸之一，並偏於中共方面。另外，中共海軍兵力發展雖然不是本書研究重點，但有關中共與美國海軍，涉及「綜合性安全」領域的交流合作，亦將包含在本文研究中。

其次，布希總統政府上台初期重新定位中美關係，將中共視為「戰略競爭對手」。而美國誤炸中共駐南斯拉夫大使館，及中美軍機擦撞等事件，更使得兩國軍事與海事安全交流陷入冰點。但自從發生 911 事件後，布希總統（George Walker Bush）卻一改先前態度，在 2002 年 6 月 1 日西點軍校講話中提到：「美國歡迎一個強大、和平與繁榮的中國出現」。自此逐漸加強與中共在「海洋科學研究」、「海洋資源與環境保護」、「港口及海上交通線安全」、「海軍合作」等重點方面的海事安全交流。因此，本研究所討論的空間橫軸，亦包含此四個中美海事安全交流的領域。

二、研究限制

由於本書探討議題與研究主體的特性，存有下列兩項限制：

第一手資料取得有限

由於本書中，將以部分篇幅，闡述中美軍事交流與海事安全互動間的臍帶關係。惟部份軍事交流資料涉及國防機密，本屬機敏，故其原始資料無法公開；另一方面，現階段中共部份海洋執法機關，如公安邊防海警部隊，仍牽涉到國防事務，致使一直未能完全透明化，並一窺全貌，有關其兵力發展的真相更晦如莫測。因此本文所蒐集到的一手資料較為有限，這是研究限制之一。

資料查證不易

由於資訊的發達，大陸知識份子多會透過網路方式一抒己見。但中共目前仍是箝制新聞及言論自由最大的國家之一，中共的網軍

無所不在，不時監控著網路訊息[89]。許多涉及海事安全或軍事交流的專家學者，透過網路論壇或部落格等方式所張貼的文章或研究成果，其內容或多或少對本研究有正面助益及參考價值，甚且部分亦與目前的發展趨勢吻合。惟在中共的打壓下，這些文章常常不到數天便被刪除，甚是可惜，且亦造成未來從事相關研究人員，索引參考資料及查證之困擾，這是研究限制之二。

第七節　研究架構與章節安排

當前熱門的冷議題

2007 年 11 月 5 日，中美宣佈建立軍事熱線，讓世人再度聚焦兩國熱絡的軍事交流，但卻鮮少人去探討中美海事安全交流這個冷議題與兩國軍事交流之間的關係。

本書的主要目的在於從「綜合性安全」的角度切入，檢視中共與美國海事安全交流發展情況與目的。依亞太安全合作理事會（CSCAP）於 1996、1997 年分別發佈的第三、四份備忘錄中，對「綜合性安全」及區域海事合作所作的界定裡，可將中共與美國目前的海事安全交流合作，概分為「海軍合作」、「港口及海上交通線安全」、「海洋資源與環境保護」、「海洋科學研究」等四個層面。

---

[89] 「避免網路言論失控，中共網路管制措施持續加溫」，行政院大陸委員會，大陸情勢 2000 年 10 月，http://www.mac.gov.tw/big5/cnrpt/8910/5.pdf，2007 年 4 月 15 日下載。

其中「海軍合作」屬於「綜合性安全」的軍事層面的交流合作，與兩國實質的軍事交流，有著密不可分的關係。所以即便兩國在2001年軍機擦撞事件後，軍事交流幾乎陷入停頓狀態，但由於海事安全交流的政治敏感性不高，加以兩國在此領域培養已久的默契，使得在「911」事件發生後，首先恢復交流的，即為屬於海事安全交流領域的「海軍合作」。其後才真正推及到其他軍事層面的交流。「綜合性安全」概念下的軍事層面交流，成為催化及深化兩國軍事交流的原動力。本文研究流程圖如圖1所示。

而依據圖2的研究邏輯圖，由於非傳統安全威脅的與日俱增，使得中、美等瀕海國家日益重視海事安全。所以本文中的第一、二章，將先從「綜合性安全」的角度切入，先探討本書研究主體－中共－海事安全戰略的發展脈絡。改革開放後，崛起中的中共，逐漸轉向海權國家發展，因此在海洋上便存在著廣大的利益，而海事安全對於中共整體國家安全也就顯得日益重要[90]。然而，目前中共在海洋利益上，面臨諸多威脅，促使中共對海事安全戰略進行調整。也正因為中共進行海事安全戰略的調整，而凸顯出海上行政執法機關的紊亂，及目前海上行政執法所存在的諸多問題。讓中共不得不正視此一窘境，進而形成對外合作最主要動機。第三章則針對另一個交流主體－美國－在面臨二十一世紀非傳統安全的威脅下，所突顯出對外海事安全合作的需求。使得美國對中國的合作需求加深，更讓擺盪到低點的中美關係，露出曙光。

在第四章裡，經過前面對於中共及美國的個別論述與分析後，可以了解到兩國海事安全交流的基礎與共同利益，進而促成了中美

---

[90] 「中國迫切需要增強海軍力量維護海上貿易通道」，中國新聞網（北京）。

海事安全交流與發展。中美海事安全交流，自 1979 年建交後便穩定
發展。當中美軍事交流呈現震盪起伏時，海事交流成為調節中美關
係的蓄水池。在第五章裡，則依據前述兩國軍事交流下之海事安全
交流的歷程與特徵，及正、反兩面因素，進行比較與分析，試圖推
導出兩國海事安全交流與中共海事力量發展的未來走向。

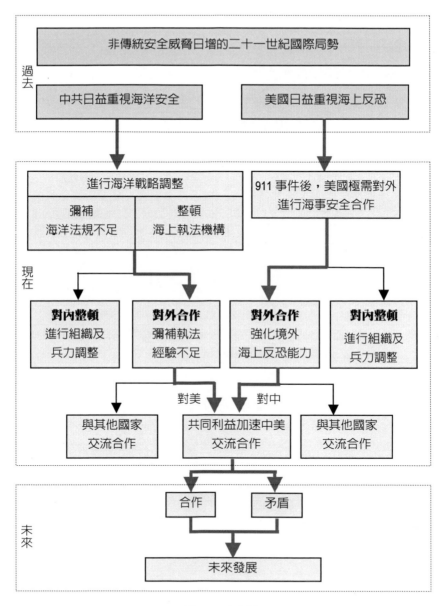

圖 1　流程圖

因為

第一章
非傳統安全威脅的與日俱增，使得中、美等瀕海國家日益重視海事安全。

其中有關中、美兩國

第二章	第三章
中共在海洋上有著廣大的利益，但為維護海洋安全，必須與其他國家合作；在亞太地區最重要的國家就是美國。	美國在海洋上有著廣大的利益，但為維護海洋安全，必須與其他國家合作；在亞太地區最重要的國家就是中國。

所以

第四章
中美海事安全交流，自 1979 年建交後便穩定發展。當中美軍事交流呈現震盪起伏時，海事交流成為調節中美關係的蓄水池。

基於以上觀察

第五章
由於目前中美海事安全交流合作大於矛盾，所以將來發展仍將是穩定而深化。

圖 2　邏輯圖

第二章　中共維護海事安全能力

2006 年中共所發表的國防白皮書，在有關海洋安全方面，展現出兩個特點：其一是點出了中共與其他國家長期存在的領土及海洋權益爭端。其二是在內文特別增設了「邊防海防」專章。這顯示中共不僅日益重視自身的海洋安全，也逐漸在強化維護海洋利益的能力。

第一節　當前的中共海洋利益及面臨之威脅

冷戰結束以後，非傳統安全已經成為軍事以外，各國海洋安全面臨的主要威脅，這當然也包括中共在內的亞太各國。亞太安全合作理事會（CSCAP）於 1996 年所發布的第三份備忘錄，便是定義以非傳統安全為主的「綜合性安全」概念。隨著經濟迅速增長，身為亞太大國的中共，也體認到其瀕海權益及海外貿易線的安全問題愈形重要，所衍生出與其他國家的海洋利益糾紛也日益增多，這包括東海及南海地區的主權糾紛。2006 年國防白皮書的第一章「安全形勢」中，便提到「領土和海洋權益爭端、……仍影響著國家間的互信與合作」[1]。

---

[1]　「2006 年中國的國防」，中國新聞網（北京）。

一、當前中共的海洋利益

對中共而言，海洋安全是國家安全的一個重要組成部份，海洋利益也是國家整體利益重要的一環。大體而言，當前中共的海洋利益可包括下列 3 個方面：

固有的主權

對寸土必爭的中共來說，固有的領海與主權是最基本的海洋利益。中共擁有南北長達 18,000 公里、總長度位居世界第四的漫長海岸線和眾多的島嶼，而目前所擁有的領海面積為 38 萬平方公里。中共依據國際法和《聯合國海洋法公約》的有關規定，自認所屬海域面積更廣達 300 萬平方公里，接近陸地領土面積的三分之一[2]。

其次，沿海十二個省區是中國政治、經濟和文化的重心，自然條件優越、經濟發達、人口密集。雖然該區土地面積只佔全國陸地面積的 15%，但是人口和國民生產總值卻分別佔全國的 40%和 60%左右，而且其重要性隨著中共經濟的發展而繼續上升[3]。不用說外敵入侵可能對中國沿海地區造成的破壞；如果沒有海防安全，即使是沿海地區可能遭受戰爭打擊的心理預期，就足以對中國國民經濟造成重大影響。

為了保衛領海和沿海地區的安全，中共不僅需要在毗鄰公海，特別是西太平洋北部、第二島鏈以西海域具備一定防衛能力，更要有海岸防禦的能力。這也是 2006 年中共國防白皮書中，特別增加「邊防海防」專章的主要因素之一。

---

[2] 陸儒德，「在大戰略中給中國海權定位」，人民海軍報（北京），2007 年 6 月 6 日，版 4。

[3] 達嶽，「中國的海洋安全戰略」，海上通道安全與國際合作（北京：時事出版社，2005 年 1 月），頁 360。

重要的海洋經濟利益

中國目前沿海省份總人口 4 億 7967 萬，約占全國人口總數的
40%。近二十年來，大陸沿海地區經濟快速發展，對海洋產業的投
資逐年增加。「九五」期間，中國沿海地區主要海洋產業總產值累計
達到 17 兆人民幣，比「八五」時期大幅成長，年均增長 16.2%，高
於同期國民經濟增長速度[4]。

另外，據統計，中國 1980 年海洋產業總產值首次突破 100 億人
民幣，2000 年主要海洋產業增加值達到 2297 億元，占全國國內生
產總值的 2.6%，占沿海十一個省（自治區、直轄市）國內生產總值
的 4.2%。2001 年海洋產業總產值更一躍上升為 7234 億元。使得中
國海洋經濟年平均遞增速率達到了 22%以上，是目前國民經濟增長
率的三倍以上[5]。而根據中國國家海洋局最新發佈的《中國海洋經濟
統計公報》，2006 年中國海洋生產總值達 2 兆 958 億元，佔同時期
國內生產總值的比重達 10.01%[6]。海水養殖、海洋油氣、濱海旅遊、
海洋醫藥、海水利用等新興海洋產業發展迅速，帶動海洋經濟的發
展。中國海洋漁業和鹽業產量連續多年保持世界第一，造船業世界
第三，商船擁有量世界第五，港口數量及貨物吞吐能力、濱海旅遊
業收入居世界前列。

其海洋經濟實力之雄厚，實為中國崛起有利之後盾。換言之，
若中國的海洋經濟利益受損，勢將影響中共 2020 年奔小康的目標。

---

[4] 「全國海洋經濟發展規劃綱要」，國家海洋局網站（北京），2004 年 8 月 4
　　日，http://www.scssinfo.com/HYGL/news/gl_0121.htm，2007 年 2 月 19 日下載。
[5] 高之國，「貫徹『實施海洋開發』戰略佈署」，國家海洋局網站專家論壇（北
　　京），www.soa.gov.cn/leader/12041b.htm，2007 年 2 月 19 日下載。
[6] 「2006 年中國海洋經濟統計公報」，國家海洋局網站（北京），2007 年 3 月，
　　http://www.soa.gov.cn/hygb/2006jingji/index.html，2007 年 6 月 10 日下載。

豐富的海洋資源環境

中國海域遼闊，海洋資源種類繁多。已鑑定的海洋生物，就多達 20,278 種。除此之外，石油天然氣、固體礦產、可再生能源、濱海旅遊等資源豐富，開發潛力巨大。

其中，中共大陸架海區含油氣盆地面積近 70 萬平方公里，共有大中型新生代沉積盆地 16 個。中共大陸架海域蘊藏石油資源量 150 億到 200 億噸，佔全國石油總資源量的 18.3%到 22.5%左右[7]。這還不包括中共於 2007 年 5 月初所宣佈，在渤海灣灘海地區發現儲量規模達 10 億噸的大油田—冀東南堡油田[8]。據國家天然氣科技研究最新成果，中共天然氣總資源量為 43 萬億立方公尺，其中海上天然氣資源總量為 14.09 萬億立方公尺，占總量的 32.8%[9]。

對於一個發展中的瀕海大國而言，豐富的海洋資源是中國不可能放棄的資產。這可從中日春曉油氣田的爭端一直懸而未解得到印證。

二、中共海洋利益面臨之威脅

隨著中共的改革開放，海洋利益成為當前中共主要的國家利益。然而，也是中共面臨威脅最大的國家利益，這包括：

---

[7] 湯金森，「2020 年的中國海洋開發」，國家海洋局網站（北京），http://www.soa.gov.cn/zhanlue/hh/9.htm，2007 年 5 月 5 日下載。

[8] 「中石油在渤海灣勘探到大油田　儲量規模達 10 億噸」，新華網（北京），2007 年 5 月 3 日，http://big5.xinhuanet.com/gate/big5/news.xinhuanet.com/fortune/2007-05/03/content_6055637.htm，2007 年 5 月 29 日下載。

[9] 楊金森，「2020 年的中國海洋開發」。

海洋領土主權爭端

中共與週邊國家在東海及南海區域的海洋領土及某些島嶼的主權上，長期存在爭議。

在東海，中共除與日本就釣魚台、沖之鳥礁存在眾所皆知的主權爭議外[10]，與南韓也存在蘇岩礁衝突。蘇岩礁（南韓稱離於島）是一塊水下暗礁，位於中國東海北部，江蘇南通和上海崇明島以東約 150 浬，也是中韓專屬經濟區主張重疊的海域。南韓從 2000 年下半年開始，不顧中共抗議，投資 230 多億韓元（約 2400 萬美元），在蘇岩礁打樁興建了一座相當於 15 層樓高的巨大建築物，取名為「離於島綜合海洋科學基地」（如圖 3），並於 2003 年 6 月竣工啟用。儘管中共不斷對南韓提出抗議，並對外宣佈擁有蘇岩礁主權，但南韓政府認為蘇岩礁離南韓的馬羅島更近，堅持應屬南韓[11]。

在南海，中共與東南亞多國，就南沙群島、西沙群島的主權問題，長期存在爭議。這二個群島被環南海國家所分別佔據，其中五

---

[10] 沖之鳥礁位於琉球群島南方海域，距東京 1740 公里。日本一直對外宣稱沖之鳥礁是一個島嶼，因為如此，日本便可以在其周邊 200 浬設定面積達 40 萬平方公里，比日本整個陸地面積還要大的海洋專屬經濟區，所以日本決意不惜一切代價保護這兩座礁石。為宣示主權，日本國土交通省於 2005 年 5 月 17 日在沖之鳥礁的北小島設立標誌牌；同月 20 日，日本東京都知事石原慎太郎登沖之鳥礁進行視察。惟依《聯合國海洋法公約》規定，中共認為沖之鳥礁只是一塊礁石，並非島嶼，不具備專屬經濟區的條件，儘管日本政府強烈抗議，中共海軍南海艦隊情報偵測船「南調 411」及測量船，於石原慎太郎登島後，即不斷在沖之鳥礁附近海域進行海洋調查。

[11] 「韓國媒體關注中韓海上專屬經濟區劃界」，新華社（北京），2006 年 12 月 7 日，http://news.xinhuanet.com/herald/2006-12/07/content_5449614.htm，2007 年 5 月 29 日。

資料來源：BBC 中文網

圖 3　南韓離於島綜合海洋科學基地

座島嶼並建有機場跑道[12]。美國學者亨亭頓在預測文明衝突所引發的戰爭時，就曾經假想過 2010 年在南中國海爆發戰爭[13]。

　　這些海洋領土爭議，不但事涉中共的國家主權，如果處理不慎，將影響胡錦濤主政時期所建構的和諧世界。

---

[12] 包括我國所屬南沙太平島、菲律賓所據南沙中業島、馬來西亞所據南沙彈丸礁、越南所據南威島、中共所據西沙永興島。

[13] 塞繆爾・亨亭頓，文明的衝突與世界秩序的重建（北京：時事出版社，2003年版），頁 514-515。

脆弱的海上交通線安全

中共是世界十大海洋運輸國之一，外貿對海洋運輸業的依賴度為 70%左右。從 1993 年開始，中共已由石油淨出口國變為淨進口國。2000 年，中國石油進口量已經突破 7,000 萬噸，預計石油供需缺口到 2010 年和 2020 年將至少上升為 1.2 億和 2.1 億噸，對國外石油資源的依賴程度將上升到 2010 年的 40%和 2020 年的 50%多。而目前中共 60%的進口石油都是通過印度洋、經過六甲海峽、到達南中國海這條西行航線來運輸的[14]。

不幸的是，這條航線上集中了世界五大海盜多發帶。從地理上說，麻六甲海峽、巽他海峽等地航道狹窄，容易被非法武裝力量控制；由目前東南亞安全情況來看，這一地區由於國內政局不穩，海盜、恐怖活動和小武器擴散十分活躍，海盜和恐怖份子可以利用複雜的地形，威脅航道上航行的船隻，並且輕易逃竄。而以目前解放軍的遠程兵力投射能力，仍不足以有效保護中國的能源通道[15]。1998

---

[14] 中國的海洋航線主要有四條：一是東行航線，也就是從太平洋西岸到太平洋東岸的航線，包括中共至日本，至北美東、西海岸，至中美洲，至南美洲東海岸、西海岸的航線。二是南行航線，包括中國至新、馬、菲、印尼等東南亞國家的航線，至大洋洲的航線以及至西南太平洋島國航線等。三是西行航線，也就是從中國東部經麻六甲海海峽進入印度洋、紅海，經蘇伊士運河入地中海，進入大西洋的航線，包括中國至中南半島、孟加拉、阿拉伯灣、紅海的航線，至東非和西非的航線，至地中海、黑海的航線，以及至西歐、北歐和波羅的海的航線。四是北行航線，也就是由中國向北至北韓各港口，以及俄羅斯遠東的海參威等港口的航線。這四條航線中，西行航線對中國來說尤具戰略價值。因此西行航線可以說是中共經濟發展的一條「生命線」。

[15] 「美：中國遠端兵力投送能力不足以保衛能源通道」，東方網（北京），2008年 3 月 11 日，http://military.china.com/zh_cn/news/568/20080311/14720199.html，2008 年 3 月 12 日下載。

年 11 月 17 日，香港船務公司於巴拿馬註冊的「長勝」號遠洋貨輪，在台灣海峽南口被國際海盜集團劫持的事件，就已經給中共海上交通線安全敲響了警鐘[16]，更點出中共當前的麻六甲困境。

如果沒有辦法提供有效的保護，未來一旦海盜或恐怖份子在麻六甲海峽等節點發動攻擊，有可能造成整個航線受阻，嚴重影響中共經濟安全。

海洋環境的污染

中共自改革開放以來，沿海地區依據其資源豐富、地理位置優越，和人才資源濟濟等優勢，經濟獲得長足發展。中國海洋經濟產值由 1980 年的不足百億元，發展到 2003 年的超過萬億元，海洋經濟增加值占全國國內生產總值的 3.8%以上。隨著沿海地區社會經濟的迅速發展，所衍生的海洋生態環境污染問題也愈來愈嚴重。

自二十世紀八十年代以來，由於中國大陸陸源污染物入海量的劇增和沿岸海域的過度開發，中國海洋生態環境遭到了嚴重破壞。素有「天然魚倉」和「海洋公園」的渤海，正在成為中國三大經濟圈之一。但近年來卻成為中國污染最嚴重的海域，渤海近 40%的海域已步入荒漠化的邊緣，連中國海洋專家都說渤海早成死海[17]。此外，中國最大的大黃魚人工養殖基地－福建三都澳，雖為中國帶來 12 億人民幣的年產值，卻也成為沿海污染源[18]。

---

[16] 「廣東警方偵破『長勝』輪劫殺案紀實」，人民日報（北京），2000 年 1 月 11 日，http://202.99.23.245/zdxw/12/20000111/200001111218.html，2007 年 5 月 29 日下載。

[17] 「中國海洋專家：渤海早成死海」，中國時報，2007 年 11 月 3 日，版 A17。

[18] 「中國最大海上養殖村鎮成污染源」，中國時報，2007 年 6 月 22 日，版 A13。

在中國的海洋產業中，海洋漁業、海洋化工業、海洋旅遊業、海洋藥業、海鹽及鹽化工業、海水利用業等對海洋生態環境均有不同程度的依存度。特別是海洋漁業等第一產業，一旦海洋生態環境遭到嚴重破壞，將遭受不可估量的損失。加強海洋環境保護，是中共海洋經濟持續發展的重要課題。所以中共國務院對海洋環境保護工作愈來愈重視，不但加強相關法令、法規的制定，更加強取締執法[19]。

漁業等海洋資源衝突

擁有 18,000 公里海岸線的中共，內部卻存在著諸多海洋資源的問題。包括在海洋資源開發管理體制仍欠完善；在海洋產業結構性矛盾突出，傳統海洋產業仍處於粗放型發展階段，海洋科技總體水準較低，一些新興海洋產業尚未形成規模；在部分海域生態環境惡化的趨勢還沒有得到有效遏制，近海漁業資源破壞嚴重，一些海洋珍稀物種瀕臨滅絕；在海洋調查勘探程度過低，可開發的重要資源底仍多；在海洋經濟發展的基礎設施和技術裝備相對落後[20]。

自認有近 300 萬平方公里專屬經濟區的中共，外部也有著海洋資源衝突的問題，其中有 150 萬平方公里的面積都是中共與週邊國家的爭議區。中共與所有海上鄰國，北韓、南韓、日本、菲律賓、馬來西亞、汶萊、越南等國都存在油氣和漁業等資源爭端。而中日

---

[19] 「加強海洋環境保護　全面推進依法管海」，中國海洋報（北京），2004 年 11 月 23 日，http://www.scssinfo.com/HYGL/news/Gl_0144.htm，2007 年 5 月 6 日下載。

[20] 「國務院關於印發全國海洋經濟發展規劃綱要的通知」，新華網（北京），2004 年 2 月 9 日，big5.xinhuanet.com/gate/big5/news.xinhuanet.com/zhengfu/2004-02/09/content_1305101.htm，2007 年 2 月 19 日下載。

東海油源爭端、中越北部灣漁業爭端[21]，更一度造成中共與鄰國之間關係緊張。

　　這類的海洋資源爭端，影響著中共與鄰國的互信與合作。中共自認沒有一支相適應的海洋執法力量，將無法有效保護既有的海洋資源。

第二節　中共維護海事安全能力的現況

　　有強大的海洋力量，才足以捍衛海洋利益，這也就是所謂的「海權」。早期著名的「海權論」作者馬漢，把海洋力量看作海上軍事力量，以及通過軍事力量控制海上交通和商業的能力[22]。不過隨著世界的發展，「綜合國力」的概念逐漸成為權衡國家力量的指標。所以現代海權涉及國家政治、經濟、外交、科技、法律和軍事等領域，其應指：「國家擁有控制、開發海洋的、實現的、和潛在力量的總和，有效地依法維護和實現國家的海洋權益」[23]，海洋力量也應該成為臨海國家綜合國力的重要組成部分。

　　前蘇聯海軍總司令戈爾什科夫（Sergey Georgyevich Gorshkov，1910 年 2 月 6 日～1988 年 5 月 13 日）就認為，一國的海洋力量，展現在如何最有效地利用世界大洋的能力，這包括研究海洋和開發

---

[21] 中越最近一次漁業爭端發生在 2007 年 7 月 9 日。中共在南中國海水域，向越界捕魚的越南漁船射擊，並擊沉打沉越南漁船，導致 1 名越南漁民死亡。見「南中國海主權之爭何去何從」，美國之音中文網（北京），2007 年 8 月 17 日，http://www.voa.gov/chinese/archive/worldfocus/aug2007/0817073whatisunderthegbtxt.htm，2007 年 10 月 10 日下載。

[22] 馬漢，海權論（北京：中國言實出版社，1997 年版），頁 1-14。

[23] 陸儒德，「在大戰略中給中國海權定位」。

海洋資源的能力、運輸和捕魚船隊的現狀及能力，造船工業的現狀和能力，以及海軍實力[24]。中國學者近年則提出海洋力量應包括 8 個要素：國家的海洋戰略、海洋地理環境和資源、海洋自然力、海洋調查研究能力、海洋水文氣象保障能力、海洋開發能力、海洋防衛能力、海洋管理能力等[25]。

綜合上述觀點，大體可以海洋戰略與海洋發展政策、海洋經濟與科研能力、海洋防衛能力等三個方面，來概括表示中共的海洋力量[26]。

一、中共的海洋戰略與海洋發展政策

在中國的治國方略中，長期以來存在著是否要走向海洋的爭論。由於國際環境與國家政策的關係，中共在 1978 年實施改革開放以前，重點在於防禦來自陸地的威脅，因此形成以邊防為重、海防為輕，故並不重視海洋戰略，海軍的準則與戰略發展深受前蘇聯「少壯派」思想影響，其主要任務為海岸防禦，以及協助地面部隊作戰。直至 1980 年代改革開放後，才開始將目光轉移到較為廣泛的海洋事務推展。這包括 1984 年所提出的海洋開發基本政策、1989 年所提出的海洋產業與科技政策。

---

[24] 謝・格・戈爾什科夫，國家海上威力（北京：海洋出版社，1985 年版），頁 9。

[25] 楊金森，「國家海洋力量建設」，國家海洋局網站，http://www.soa.gov.cn/ zhanlue/hh/8.htm，2007 年 5 月 5 日下載。

[26] 我國行政院於 2004 年 3 月所召開「海洋事務推動委員會」，下屬「海洋策略組」、「海域安全組」、「海洋資源組」、「海洋產業組」、「海洋文化組」及「海洋科研組」，即可概略以「海洋戰略」、「海洋經濟與科研能力」和「海洋防衛能力」等三方面涵括。

　　1982 年《聯合國海洋法公約》的通過，刺激了中共海洋事務的推進，並於 1991 年 1 月 8 日至 11 日，召開四十多年來首次的全國海洋工作會議，期間通過《九十年代我國海洋政策和工作綱要》。加強海洋資源調查、開發海洋產業、保護海洋環境，成為「九五」計畫有關海洋發展戰略指導原則及發展重點。

　　1996 年，中共制定的《中國海洋二十一世紀議程》，提出了中國海洋事業可持續發展的戰略，其基本思路是：有效維護國家海洋權益，合理開發利用海洋資源，切實保護海洋生態環境，實現海洋資源、環境的可持續利用和海洋事業的協調發展[27]。自此揭櫫中共的海洋發展戰略。

　　1998 年 5 月 28 日所公布的《中國海洋事業白皮書》，則首次完整論述中共海洋事業發展的基本政策和原則。其中提到「中國作為一個發展中的沿海大國，國民經濟要持續發展，必須把海洋的『開發』和『保護』作為一項長期的戰略任務」[28]。白皮書中對於維護國際海洋秩序和建立國家海洋權益，所提出的「擱置爭議，加強合作，共同開發」，是迄今中共處理海洋爭議區域及事件的最高指導原則。以 2006 年中共所提出首份國家海洋科學和技術發展規劃為例。這份名為《國家「十一·五」海洋科學和技術發展規劃綱要》指出，對於海洋劃界問題，即主張應根據公認的國際法，考慮不同海域的

---

[27] 「中國海洋二十一世紀議程」，中國海洋信息網（天津），http://www.coi.gov.cn/hyfg/hyfgdb/fg8.htm，2007 年 10 月 11 日下載。

[28] 「中國海洋事業的發展白皮書」（1998 年 5 月），人民網（北京），2000 年 12 月 29 日，http://past.people.com.cn/BIG5/channel1/10/20000910/226233.html，2007 年 10 月 11 日下載。

具體狀況，通過友好協商，公平、合理、妥善地解決有關爭議，不要使爭議影響中共與其他國家的雙邊關係[29]。

進入二十一世紀以後，世界臨海國家紛紛調整自身的海洋戰略與政策。這些國家在健全海事機構的同時，亦逐漸開始思考整體海洋政策的問題，制定新的海洋發展戰略，朝向建設海洋強國的目標邁進[30]。

中共不但是個大陸國家，也是海洋國家，所以綜合國力不斷提升的中共，在海洋上有著廣泛的戰略利益。中共「十五」計畫提出了一套海洋戰略，囊括了海洋資源開發、海洋科學研究、海洋環境保護等方面的內容[31]。而在十六大中，更做出了「實施海洋開發」

---

[29] 「十一五海洋規劃助解海權紛爭」，人民日報（北京），2006 年 11 月 27 日，http://www.scssinfo.com/HYGL/NEWS/Gl_0277.htm，2007 年 1 月 16 日下載。

[30] 2004 年年底，美國海洋政策委員會向國會提出名為《二十一世紀海洋藍圖》的海洋政策報告。2004 年 12 月 17 日，美國總統布希公布《美國海洋行動計畫》。2001 年 7 月，俄羅斯總統普京批准《俄羅斯聯邦至 2020 年海洋政策》；9 月，俄聯邦政府通過 662 號決議，成立俄羅斯聯邦政府海洋委員會。2002年，加拿大提出《加拿大海洋戰略》、2005 年頒布《加拿大海洋行動計畫》。2005 年 10 月，法國總理決定成立海洋高層專家委員會，負責制定今後十年的海洋政策。英國於 2005 年對《英國海洋狀況報告》進行審議，並將提出《海洋法令》。2000 年以來，日本提出各種海洋政策，擬訂《二十一世紀日本海洋政策》。2006 年 2 月 6 日，日本學界又推出了《二十一世紀海洋政策建議》。除此之外，其他國家也都很重視海洋事業發展。如澳大利亞成立國家海洋辦公室、荷蘭和巴西成立部門間海洋委員會、越南成立國家海洋事務協調委員會、菲律賓成立內閣級海洋事務協調委員會、南韓成立海洋和水產部、印尼成立海洋與漁業部。見「關於制定中國的海洋國策的建議」，南海海洋網（廣州），2006 年 3 月 17 日，http://www.scssinfo.com/HYGL/news/Gl_0263.htm，2007 年 6 月 4 日下載。

[31] 「國民經濟和社會發展第十個五年計畫綱要」，人民日報（北京），2001 年 3 月 18 日。

的戰略佈署。2004 年 8 月所頒布的《全國海洋經濟發展規劃綱要》，規劃 2001 年至 2010 年間，中共邁向海洋強國的戰略目標。

　　該份綱要與 1998 年所公布的《中國海洋事業白皮書》不同之處，在於點出包括缺乏宏觀指導、協調和規劃在內，目前中共海洋經濟發展所面臨的諸多問題，並列出六項指導原則。除了前五項為海洋經濟發展的指導外，較為特別的是第六項：「堅持海洋經濟發展與國防建設統籌兼顧，保證國防安全」。提到要保證國防建設的用海需要，與保護海上軍事設施。算是約略點出中共的「海洋安全」戰略。

　　綜合中共所陸續公布的《中國海洋 21 世紀議程》、《中國海洋事業白皮書》、《全國海洋經濟發展規劃綱要》及「十五」、「十一·五」計畫綱要等政策指導內容要點，可以看出目前中共的海洋戰略置重點於海洋經濟、資源、科技的開發，其次是強化海洋維權能力。對於海洋爭議地區，目前採取的是「擱置爭議，加強合作，共同開發」的原則。

二、海洋經濟與科研能力

　　從上述中共海洋戰略的發展，可以看出自中共開始重視海洋事務的推展以來，經濟與科研能力的發展一直是重點項目。隨著中共綜合國力的提升，相關實力也不斷在增長當中。

　　近年來，隨著經濟的迅速發展，中國與世界各國的海上貿易額猛增，不僅帶動了中國經濟的發展，而且大大促進了中國船舶製造業和運輸業的突飛猛進。據《2007～2008 年中國船舶製造業分析及投資諮詢報告》，2006 年中國造船完工量為 1452 萬載重噸，已經成

為僅次於韓、日的世界第三大船舶製造大國。伴隨著中國日益融入世界經濟體系，中國的海上運輸業同樣呈現出迅猛的發展趨勢，據報導，目前中國的商船數量已位居全球第二，在全球範圍內懸掛五星紅旗的船隻也達一千七百多艘；在全球排名前二十位的貨櫃港口中，有七個在中國。包括新建的洋山港在內，上海到 2010 年也將成為全球第一大貨櫃港口[32]。

在海洋經濟發展方面，以 2006 年為例，在中共「十一・五」計畫實施的第一年，全國主要海洋產業總產值為 18408 億元，增加了 8286 億元，比 2005 年增長 12.7%。海洋船舶工業總產值達 1145 億元，增加了 252 億元，比 2005 年增長 32.4%；海洋油氣業總產值為 1121 億元，增加了 683 億元，比 2005 年增長 29.2%。海洋交通運輸業營運收入達 2585 億元，增加了 1060 億元，比 2005 年增長 10.4%，而中共沿海港口更已在世界排名前二十位的國際港口中，占近一半的席位[33]。

在海洋科研發展方面，1958 年至 1960 年，中共就已進行過全國海洋綜合普查；1980 年至 1986 年，進行全國海岸帶和海塗資源綜合調查，並展開海岸帶綜合開發利用試驗；1988 年至 1995 年，又進行全國海島資源綜合調查和海島綜合開發試驗等。1983 年，中國加入了《南極條約》，並從 1984 年開始進行南極及其周圍海域調查，到 1997 年共進行了十四次科學考察，先後建立了長城、中山南極科學考察站。1996 年，中共又加入國際北極科學委員會，積極參與《北極在全球變化中的作用》等相關的國際合作專案。2007 年 11 月 12 日，中共「雪龍」號破冰船，搭載一百三十多名人員，前往南

---

[32]　「美國專家談中美海事安全合作前景」，中國國際戰略研究網（北京）。
[33]　「2006 年中國海洋經濟統計公報」，國家海洋局網站（北京）。

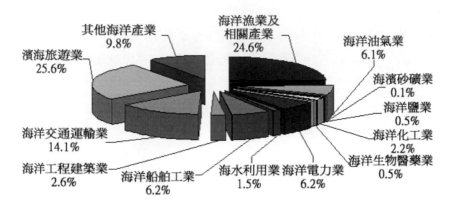

資料來源：2006 年中國海洋經濟統計公報（北京）

圖 4　2006 年中共主要海洋產業總產值構成圖

極進行第二十四次科學考察，此次任務中共計劃在海拔 4,093 公尺高的南極冰蓋冰穹 A，進行內陸科考站選址、冰蕊鑽探、地震監測與天文觀測等任務，創下人類在「不可接近之極」的科考紀錄[34]。

　　中共現有一百零九個涉海科研機構、一萬三千多名科研人員，海洋科研體制較為完整。目前正積極發展海洋技術，並已形成海洋環境技術、資源勘探開發技術、海洋通用工程技術三大類，包括二十多個技術領域的海洋技術體系[35]。

　　為進一步發展海洋科學技術，推動海洋開發保護事業發展，中共制定《中長期海洋科技發展綱要》、《海洋技術政策（藍皮書）》和多項海洋科技發展規劃。今後中國海洋科技發展的主要目標是：加強基礎科學研究，解決海洋資源開發與環境保護的關鍵技術，提高

---

[34] 「雪龍號前進南極　挑戰新紀錄」，中國時報，2007 年 11 月 13 日，版 A13。
[35] 「中國海洋事業的發展白皮書」（1998 年 5 月），人民網（北京）。

資料來源：新華網（北京）

圖5　2008年1月「雪龍」號於南極進行第二十四次科學考察

海洋科技產業化水準，增強海洋開發和減災、防災的服務保障能力，
提高對海洋環境的保護能力，縮小中國海洋科技水準與發達國家的
差距。

可以看得出來，近來中共海洋經濟與科研能力的快速增長，為
其綜合國力提供強而有力的後盾。

三、海洋防衛能力

在海洋防衛能力方面，可區分「海上軍事力量」及「海洋執法
力量」二個部份[36]。「海上軍事力量」指的即是解放軍海軍力量。中
共海軍總兵力近二十八萬餘人，轄各型艦艇一千五百餘艘，其中包
括大型水面作戰艦約七十餘艘[37]，足以提供一定的近海防禦能力。

---

[36] 作者於96年11月21日向劉復國教授請益時，所得觀點。
[37] 「中華民國九十五年國防報告書」，國防部「國防報告書」編纂委員會，2006
年8月，頁61。

中共 2006 年國防白皮書更提到,「海軍將逐步增大近海防禦的戰略縱深,提高海上綜合作戰能力和核反擊能力」[38]。除顯示中共企圖以強大海軍,來確保近海的戰略利益外;另一個隱含的意義,是其近海的海洋執法能力,也需相對應擴張。所以在 2006 年國防白皮書中,特別增設了第七章「邊防海防」。

而在海洋執法力量方面,自 1994 年 5 月 15 日,中共「八屆人大常委會第十九次會議」通過《關於批准「聯合國海洋法公約」的決定》後,為掌控海洋權益及開發利用海洋資源,中共逐步健全公安、海關、檢驗檢疫、海監、漁政、海事、救撈、環保等海域行政執法機關,組建和擴充海監總隊、漁政、海事、救撈、海關和公安邊防部隊等海洋執法力量。

海洋執法力量

目前中共海洋行政執法機關計有「國家海洋局」、「農業部」、「交通部」、「海關總署」、「公安部」等單位。

◆　國家海洋局海監總隊(Maritime Surveillance Force)

中共國家海洋局於 1964 年 7 月 22 日成立。1970 年 6 月 22 日,中共中央同意國務院有關報告,確定國家海洋局歸海軍領導。1983 年 3 月,國務院批准國家海洋局組織改革方案,明確律定國家海洋局直屬國務院,並綜管全國海洋工作。1998 年 3 月國家海洋局併入國土資源部。同年 10 月 19 日,中共「中央機構編制委員會辦公室」更批准成立海監總隊,隸屬國家海洋局。1999 年 5 月 7 日國家海洋

---

[38] 「2006 年中國的國防」,中國新聞網(北京)。

局印發中國海監總隊職能配置、內設機構和人員編制規定，標誌著中國海監隊伍的建設，從此邁入另一個重要的發展階段。

　　中共國家海洋局負責全國海域使用、監督、執法與海洋環境保護，其主要職掌包括：擬定海洋基本法律、功能區劃、科技規劃、海洋戰略；監督管理海域（包括海岸帶）使用；擬定海洋環境保護與整治規劃、標準和規範；監督管理涉外海洋科學調查研究活動；管理海監執法艦船，依法實施巡航監視、監督管理，查楚處違法活動；指導海洋基礎與綜合調查、海洋重大科技及高新技術研究等[39]，並轄有廣州海洋地質調查局、中國海洋大學、中國海監總隊等單位。其中中國海監總隊下設北海、東海、南海等三個海區總隊，及所屬北海、東海、南海等三個海區航空支隊。

表 6　中國海監總隊所轄單位及船舶

海區總隊	海監支隊與駐地	所轄海監船舶
北海總隊	海監第一支隊（山東青島）、海監第二支隊（天津）、海監第三支隊（遼寧大連）	中國海監 11（780 順）、中國海監 17（1150 順）、中國海監 18（1000 順）、中國海監 21（1150 順）、中國海監 22、中國海監 27（1200 順）、中國海監 28（1200 順）、大洋一號（5660 順）、向陽紅 9 號（4435 順）
東海總隊	海監第四支隊（浙江寧波）、海監第五支隊（上海）、海監第六支隊（福建廈門）	中國海監 40（824 順）、中國海監 41（202 順）、中國海監 44（202 順）、中國海監 46（1101 順）、中國海監 47（657 順）、中國海監 49（997 順）、中國海監 51（1690 順）、中國海監 52（2421 順）、中國海監 53（949 順）、中國海監 61（129 順）、中國海監 62（657 順）、68 中國海監（20 順）、中國海監 69（20 順）

---

[39] 「國家海洋局職責」，國家海洋局網站（北京），http://www.soa.gov.cn/hyjww/jggk/jgzz/A020101index_1.htm，2007 年 7 月 9 日下載。

南海總隊	海監第七支隊（廣東廣州）、海監第八支隊（廣東廣州）、海監第九支隊（廣東北海）	中國海監 71、中國海監 72（898 順）、中國海監 73（1179 順）、中國海監 74（996 順）、中國海監 82（200 順）、向陽紅 14（4400 順）、南油 701（200 順）、南水 701

作者參考中共國家海洋局網站，整理製表，2007 年 10 月 10 日

中共海洋監察工作的發展目標，在以現有海洋執法力量為基礎，建立一個完整的海上巡航執法系統。分別以衛星、飛機、船舶、岸站為重要手段，監視全部近岸水域、大陸架和專屬經濟區的資源開發活動和環境狀況，並對海上突發事件及時發現、及時處理[40]。

因此，2006 年中共海監總隊的工作重點，便強化對所屬管轄海域的行政執法力度，其中包括「海盾 2006」專項執法行動。更特別的是針對中韓爭議的蘇岩礁、中日爭議的春曉油田等東海專屬經濟區與大陸架，進行定期維權巡航執法[41]，以取代原海軍艦艇的巡防任務。

◆　農業部直屬漁政單位

（Fishery Administration Commanding Center）

1978 年之後，中共海洋漁業先是由國家水產總局負責。1982 年劃歸農牧漁業部，下設水產局、漁政漁港監督管理局。1988 年機構改革後，漁業又隸屬農業部管理，除下設水產司外，主要設漁政漁港監督管理局，主管漁政、漁港監督、漁船檢驗、漁業環境保護、漁業電信等工作[42]。

此外，中共農業部轄有「黃渤海區漁政漁港監督管理局」、「東海海區漁政漁港監督管理局」、「南海海區漁政漁港監督管理局」三

---

[40] 「中國海監南海總隊概述」，南海海洋網，http://www.scssinfo.com/hyjg/jg-0002.htm，2007 年 3 月 28 日下載。

[41] 「2006 年海洋行政執法公報」，國家海洋局（北京），http://www.coi.gov.cn/hygb/hyzf/2006/index.html，2007 年 3 月 28 日下載。

[42] 許嵐翔，「中共海域執法機制之研究」，頁 52-53。

個漁政漁港監督管理單位，各單位另轄漁政總隊及省漁政機構。主要係依據中共「漁業法」，執行轄區漁業資源與環境保護、「伏季休漁」管理、二百浬專屬經濟區巡航、漁業許可制度、控制近海捕撈強度、雙邊漁業協定、漁業安全生產及漁業無線電通訊管理等工作。各局均擁有多艘漁政船，執行轄區內的海域巡邏及護漁任務。

　　而中共農業部所屬漁政指揮中心是在 2000 年 5 月 23 日成立，該中心是中共漁業綜合執法的指揮機構，其主要任務之一就是負責專屬經濟區的漁政管理和巡航檢查，實施與周邊國家共管水域的漁政管理，指揮、協調跨海域、大流域、跨省區的漁業執法行動，以及與有關國家對口機構的聯合執法[43]。

　　在聯合執法方面，依據美、中關於聯合國大會 46/215 決議的諒解備忘錄，中共自 1993 年起，中共每年即派遣漁政員，與美國海岸防衛隊參加海上聯合執法行動。2002 年起，中共開始每年派遣漁政船遠赴北太平洋，與美國海岸防衛隊執法船，共同進行執法巡航。

◆　交通部海事局海巡總隊（Maritime Safety Administration）、
　　救助打撈局（Rescue and Salvage Bureau）

　　中共交通部下屬海域行政執法機關包括海事局，與 2003 年新成立的教助打撈局。

　　中共海事局是在 1998 年 10 月 27 日，由國務院批准成立。這是在原港務監督局和原船舶檢驗局的基礎上合併而成。海事局下轄海巡總隊，主要負責水上安全監督、船舶污染防止、海上設施檢驗、

---

[43] 「漁政指揮中心成立」，人民日報（北京），2000 年 5 月 24 日，第二版，電子檔見 http://www.people.com.cn/GB/paper464/641/74455.html，2007 年 7 月 9 日下載。

航海保障管理及行政執法等工作，現轄天津、上海、遼寧、河北、山東、江蘇、浙江、廣東、廣西、海南、長江、黑龍江、深圳、營口、煙台、連雲港、廈門、汕頭、湛江等海事局。各海事局分別轄有多艘巡視船艇，負責近岸航運管制及航行安全保障任務[44]。

　　「中國救撈」源於 1951 年建立，肩負保障中國水域人命財產安全及履行有關國際義務。同時，「中國救撈」積極發展打撈相關產業，也是國家經濟建設和國防建設的重要力量。2003 年，中共針對救撈體制進行重大改革，制定《救助打撈體制改革實施方案》，成立救助打撈局，並由「中國救撈」分支出「中國救助」和「中國打撈」兩個專責單位。「中國救助」由三個救助局（十九個救助基地）和四個海上救助飛行隊組成，主要負責海上急難救助；「中國打撈」則由三個打撈局組成，主要負責公益性搶險打撈職責，並為社會提供商業打撈和相關的服務[45]。按照「十五」計畫，交通部救撈系統除完成新建大連、南隍城、寧波、海口救助基地等工程，還要添置四十二艘救助船，包括十八艘全天候大功率救助船，九艘沿海快速救助船，十五艘近海高速救助艇。

　　此外，並在上海和遼寧大連修建海上救助直升機場。中共於 2003 年亦宣佈，未來將加快海上搜救反應時間，並擴大海上搜救行動範

---

[44] 「中華人民共和國海事局（交通部海事局）簡介」，中華人民共和國海事局網站（北京），http://www.msa.gov.cn/Jgjj/Hsj.aspx?category_id=1，2007 年 7 月 9 日下載。

[45] 「我國救撈體制改革正式啟動　國家組建專業海上救助隊伍」，中華人民共和國交通部救助打撈局網站（北京），2003 年 03 月 12 日，http://www.moc.gov.cn/zizhan/zhishujigou/jiulaoju/jiulaoxinwen/200709/t20070919_397016.html，2007 年 7 月 9 日下載。

圍，計畫將海岸五十英哩之內的海上搜救行動反應時間，由過去的四到五個小時降低到二個半小時[46]。

◆　海關總署（General Administration of Cusoms）

中共海關總署成立於 1949 年 10 月 25 日。1952 年劃歸外貿部、1960 年改制為海關管理局。1980 年，海關管理局脫離外貿部，並恢復 1960 年之海關總署的建制，直屬國務院。

海關總署對內實行的是垂直管理體制，在組織機構上分為三個層次：第一層次是海關總署；第二層次是廣東分署，天津、上海二個特派員辦事處，四十一個直屬海關和二所海關學校；第三層次是各直屬海關下轄的五百六十二個隸屬海關機構。海關總署是中共海關的領導機關，統一管理全國海關。海關總署機關內設十五個部門，並管理六個直屬事業單位、四個社會團體和三個駐外機構。中央紀委監察部在海關總署派駐紀檢組監察局[47]。

中共海關主要承擔四項基本任務：監管進出境運輸工具、貨物、物品；徵收關稅和其他稅、費；查緝走私；編制海關統計和辦理其他海關業務。2003 年 1 月，中共海關更就美國所提出的「貨櫃安全倡議（CSI）」達成共識，雙方在海關方面的合作交流，有了實質進展。

---

[46] 「美國專家談中美海事安全合作前景」，中國國際戰略研究網（北京）。
[47] 「中國海關簡介」，中華人民共和國中央政府網站（北京），2005 年 9 月 9 日，http://www.gov.cn/banshi/2005-09/09/content_30687.htm，2007 年 7 月 9 日下載。

◆　公安部邊防海警部隊
（Maritime Police of Ministry of Public Security）

依據中共《國防法》的規定，中共中央軍委統一領導邊防、海防和空防的防衛工作[48]。為了加強邊海防工作的統一領導和指揮，中共國務院成立了國家邊海防委員會，由中央軍委和國務院有關部門組成，負責協調全國邊海防工作：海軍負責海疆防衛，其職責是打擊海上武裝力量，保衛國家海洋權益與領海安全，此外還參加護漁、護航、海上救助、協助打擊走私和海盜等工作。陸軍海防部隊則是負責海岸警衛，其職責事打擊敵特工和小股武裝入侵侵襲，進行海岸巡邏，守衛島嶼，警衛沿岸重要軍事目標；另公安部負責沿海地區和海上治安管理，其職責是負責沿邊沿海地區的邊防管理、治安管理和涉外邊防合作。負責海上邊界的巡邏管護，毗鄰港澳一線的邊境管理，海上治安管理。依法對出入境人員、交通運輸工具實施邊防檢查和監護。防範、打擊沿邊沿海地區和口岸偷渡、走私、販毒等違法犯罪活動。

中共公安邊防部隊在各沿邊、沿海和設立開放口岸的省、直轄市、自治區設有公安邊防總隊，基層單位有公安邊防派出所、邊防檢查站和海警支隊等。其中打擊走私工作由公安部及海關總署共同負責，但以海關為主[49]。公安邊防部隊是中共公安部直接領導下的一支公安現役部隊，是中共佈署在沿邊、沿海地區、出入境口岸和領海的一支重要武裝執法力量，編制約十萬餘人。

---

[48] 「中華人民共和國國防法」，中國人大網（北京），2005 年 9 月 12 日，http://www.gov.cn/ziliao/flfg/2005-09/12/content_31176.htm，2007 年 11 月 9 日下載。

[49] 許嵐翔，「中共海域執法機制之研究」，頁 54。

　　上述中共海洋執法機關，有些為國務院直屬單位，有些為部級所屬單位，部分也與中央軍委職權重疊。機關龐雜雖然有利於分別處理繁瑣的海洋事務，但卻也造成任務重疊、投資重複、力量分散的窘境。

目前中共海事安全發展重點

　　由於中共海域執法機關的互不隸屬，所以因應新的海事安全需求，各部門均有其業管的發展項目。綜整目前中共海事安全相關發展重點，包括：

1.大型海洋執法船舶造艦計畫

　　海洋執法船舶的質與量，直接影響到中共海洋執法的能力。所以近年來，中共陸續進行新式大型海洋執法船舶的造艦計畫。這些造艦計畫包括有海監、海巡、海警及海洋救助船等。

　　在新式海監船舶造艦計畫部份，由於早期中共面臨著海洋執法船舶數量不足、品質不高、設備落後、船齡老化等問題，以致於影響其海洋執法力量。所以在 1999 年底，中共國務院批准於「十五」計畫期間，建造十三艘新型海監船舶。第一期海監船舶的造艦計畫共計有六艘，包括排水量 3,000 噸級（具遠海航行能力、可搭載直升機）、1,500 噸級（具中海航行能力、航速 18 節以上）、1,000 噸 II 型（具近海航行能力、航速 20 節以上）的海監船各一艘，及 1,000 噸 I 型（具近海航行能力、航速 15 節左右）的海監船三艘（如表 7）。並購置固定翼海監飛機和海監直升機各一架。

表 7　「十五」計畫第一期海監船舶的造艦計畫

船名	型別	服役日期	母港	承造船廠
中國海監 27	1000 噸 II 型	2004 年 12 月 28 日	遼寧大連	廣東黃埔造船廠
中國海監 46	1000 噸 I 型	2005 年 5 月 8 日	浙江寧波	湖北武昌造船廠
中國海監 17	1000 噸 I 型	2005 年 5 月 28 日	山東青島	湖北武昌造船廠
中國海監 71	1000 噸 I 型	2005 年 6 月 20 日	廣東廣州	湖北武昌造船廠
中國海監 83	3000 噸級	2005 年 8 月 25 日	廣東黃埔港	上海江南造船廠
中國海監 51	1500 噸級	2005 年 11 月 19 日	上海港	湖北武昌造船廠

邱子軒整理製表，2007 年 10 月 10 日

新式海監船舶的服役，有效改善目前中共海監船舶綜合性能差、快速反應能力低，以及執法監察、調查取證手段落後等問題。接下來，中共將持續進行第二期七艘新型海監船舶的造艦計畫，其中包括 3,000 噸級海監船一艘，1,500 噸級海監船二艘，1,000 噸級 II 型四艘[50]。

在新式海巡船舶造艦計畫部份，近年來中共海巡船的噸位愈造愈大，而且形成了系列，目前主要在設計三種系列的海巡船。一種為 1,000 噸級的 II 型船，艦長 75.8 公尺、艦寬 10.2 公尺、吃水 4 公尺，最大航速達到 20 節，續航力 5,000 浬，沒有配備直升機；第二種 1,000 噸級的海巡船，艦長 112.624 公尺、艦寬 13.8 公尺、吃水 4.38 公尺，速達 18 節，續航力 5,600 浬，配備有直升機庫，主要用於南海海區；第三種 3,000 噸級的海巡船，艦長 98 公尺、艦寬 15.2 公尺、吃水 5.5 公尺，航速 18 節，續航力 10,000 浬，配備有直升機

---

[50] 「海監執法能力再上新台階──中國海監新型船舶建造側記」，中國海洋報（北京），2005 年 11 月 25 日，電子檔見 http://www.soa.gov.cn/oceannews/hyb1460/13.htm，2007 年 2 月 14 日下載。

庫。這包括已經在南海海區服役的「海巡 31」艦，以及日前開工建造，將佈署北海海區的「海巡 11」艦[51]。這種現象的出現，可能改變未來中共與日本、環南海國家發生海上糾紛模式[52]。

　　在新式海警船舶造艦計畫部份，上海滬東中華造船廠所建造的 718 型公邊巡邏艦，是目前中共公安部噸位最大、裝備最先進的巡邏艦[53]。該艦於 2006 年 11 月 23 日下水，命名為「中國海警 1001（浦東）」艦，並佈署於上海港。「中國海警 1001（浦東）」艦服役後，除將擔負包括 2008 年北京奧運海上危安等海上執法任務外，並將使上海沿海海域治安防控、海上救助、打擊犯罪的力量得到有力提升。

資料來源：中華網（北京）

圖 6　「海巡 31」艦

---

[51] 「頂級海事巡視船在威海開建」，超大軍事網（北京），2007 年 7 月 27 日，http://bbs.cjdby.net/viewthread.php?tid=425654&extra=page%3D2，2007 年 7 月 30 日下載。

[52] 「中國擴大海巡船建造」，漢和防務評論（加拿大），2006 年 5 月，頁 34。

[53] 「『海警 1001』艦上的新主炮首次清晰亮相」，飛揚軍事網（北京），2007 年 7 月 27 日，http://military.china.com/zh_cn/important/11052771/20070727/14245251.html，2007 年 7 月 30 日下載。

資料來源：中華網（北京）

圖 7　「中國海警 1001（浦東）」艦

　　在新式海洋救助船舶造艦計畫部份，為發揮海空立體救助的效能，中共自 2003 起，為新成立的三個救助局分別建造的 6,000KW、8,000KW、14,000KW 主力專業海洋救助船，以改善目前中共海上救助設備不足、專業救助力量不強的現狀。

　　中共除於 2006 年新購二架中型直升機，使得四個救助飛行隊，擁有總數達到九架的救助飛機外，近年新造的三艘 6,000KW、六艘 8,000KW、三艘近海雙體穿浪型快速救生船，以及八艘從英國引進的自扶正救助艇亦陸續列編投入使用。

　　此外 2007 年年中，號稱中國海上第一救的 14,000KW「南海救 101」艦下水艤裝。14,000KW 海洋救助船首批計畫建造三艘，除已佈署的「南海救 101」艦之外[54]，還將建造「東海救 101」艦和「北海救 101」艦。「南海救 101」艦總長為 109.7 公尺，寬 16.20 公尺，

---

[54]　「海洋救助船『南海救 101』交付使用」，人民海軍報（北京），2007 年 11 月 27 日，版 2。

船上救助作業區的面積達到 490 平方公尺，航速可達 22 節，續航時間超過三十天，可搭載獲救人員一百人，船上配備了減搖水艙，能在 12 級風和 14 公尺浪高的惡劣海況中安全航行。服役後，成為是中共救撈體系中，噸位最大、功率最高、裝備最先進、救助功能最齊全的大功率海洋救助船。到 2010 年底，中國沿海將建設七個救助飛行隊，配置二十八架救助飛機。

這些空中救助力量和新型救助船舶的陸續建造與佈署，將使中共海上救撈能力獲得提升。

新造海洋執法船舶的陸續服役，著時讓中共海洋執法力量注入不少心血。但對應其廣大的執法海域，這些新造船舶數量仍顯得薄弱與不足。所以中共海洋執法機關同時也自海軍接收退役艦艇。

資料來源：中共中央政府網站（北京）

圖 8　「南海救 101」艦

表 8　「十五」計畫新式海洋救助船舶造艦計畫

型別	船名	服役日期	承造船廠
14000 千瓦	北海救 101	建造中	
14000 千瓦	東海救 101	建造中	
14000 千瓦	南海救 101	2007 年 11 月 19 日	廣東黃埔造船廠
8000 千瓦	北海救 111	2005 年 11 月 3 日	廣東黃埔造船廠
8000 千瓦	北海救 112	2006 年 12 月 31 日	廣東黃埔造船廠
8000 千瓦	東海救 111	2005 年 12 月 31 日	廣東黃埔造船廠
8000 千瓦	東海救 112	2006 年 11 月	廣東黃埔造船廠
8000 千瓦	南海救 111	2006 年 3 月 16 日	廣東黃埔造船廠
8000 千瓦	南海救 112	2006 年 12 月 23 日	廣東黃埔造船廠
6000 千瓦	北海救 131	2005 年 12 月 11 日	江蘇澄西船舶
6000 千瓦	東海救 131	2005 年 6 月 12 日	江蘇澄西船舶
6000 千瓦	南海救 131	2005 年	江蘇澄西船舶
近海雙體救助船	北海救 201	2006 年 1 月 8 日	廣東英輝南方造船
近海雙體救助船	東海救 201	2006 年 2 月初	廣東英輝南方造船
近海雙體救助船	南海救 201	2006 年 11 月 28 日	廣東英輝南方造船

邱子軒整理製表，2007 年 10 月 10 日

2.接收海軍退役艦艇

在海警船部分，中共公安部為適應海上執勤執法新形勢的需要，彌補大型執法船數量不足的窘境，於 2007 年自中共海軍引進兩艘「053H」型飛彈護衛艦（509、510），並命名為「中國海警 1002」艦[55]、「中國海警 1003」艦[56]。

---

[55]　「廣東海警首艘千噸巡邏艦服役」，人民網（北京），2007 年 12 月 31 日，http://pic.people.com.cn/GB/42591/6720509.html，2008 年 1 月 2 日下載。

在漁政船部分，為支持南海漁業執法工作，中共海軍將除役的「南救503」船，移撥給農業部南海區漁政漁港監督管理局使用。「南救 503」船正式移交農業部南海區漁政漁港監督管理局使用後，佈署於廣東廣州港，並成為中共目前最大的漁政執法船。它對中共農業部加強南海漁政執法裝備建設，以及北部灣、南中國海海域維權護漁和漁政執法工作，發揮極其重要的作用[57]。

資料來源：新華網（北京）

圖9 「中國海警 1003」艦

---

[56] 「中國邊防首艘千噸艦投入南海域巡邏」，新華網（北京），2007 年 12 月 7 日，http://military.china.com/zh_cn/news/568/20071207/14532108.html，2007 年 12 月 10 日下載。

[57] 「海軍無償調撥『南救 503 船』給農業部南海區漁政漁港監督管理局使用」，農業部南海區漁政漁港監督管理局網站，2006 年 12 月 1 日，電子檔見 http://www.cnfm.gov.cn/info/display.asp?id=17605，2007 年 6 月 11 日下載。

資料來源：中共農業部南海區漁政漁港監督管理局網站（廣東）

圖10　「南救503」船

　　海軍的艦艇畢竟不是專為海上執法所設計，但接收退役的艦艇，可以作為此執法力量強化的過渡時期使用。

3.強化維權執法力度

　　配合新造艦艇的服役，及海軍退役艦艇的撥交，中共持續強化海上維權的執法力度。

　　近幾年，中國海監與海巡，頻密進行近海和遠海的執法工作。在近海，為進行海域使用管理、海洋環境保護，而進行年度「海盾」執法行動。在遠海，特別是在專屬經濟區和大陸架，對日本在中國東海專屬經濟區打撈不明國籍沉船、在中國東海大陸架進行油氣資源勘探活動，進行大規模的維權執法。此外，2006年4月，中共海

南海事局更首次進行為期八天的西沙與北部灣海域編隊巡航[58]。中共國家海洋局於 2007 年初所公布的《2006 年海洋執法公報》中，提到建立東海海域定期維權巡航執法制度，便於依法開展現場執法，及時發現並制止在中國管轄海域內非法的海洋科研調查、軍事測量、勘探開發等活動。這顯示中共近年來積極強化海洋維權執法力度[59]。

　　中共不但強化維權執法力度，更加強不同執法機關的聯合執法，以企圖彌補各自為政的局面。中共漁政和公安海警，便曾多次聯合實施北部灣漁業海上聯合監管，並建立包括知會、溝通協調、配合支持、重大案件會審、資訊交流等執法協調機制，以加強各單位間的溝通協調[60]。2004 年 6 月 30 日《中越北部灣劃界協定》和《中越北部灣漁業合作協定》生效後，北部灣的漁業海上監管工作實行以漁政部門牽頭，公安邊防和海軍參加的聯合監管方式。為此，中共農業部、外交部、公安部、總參謀部聯合成立「北部灣漁業海上監管協調小組」，以建立北部灣漁業海上聯合監管機制[61]。

　　只可惜聯合執法的實施只是治標，其根本問題在於中共海上執法機關力量的分散。

---

[58] 「2006 年海南海事局首次西沙、北部灣海域編隊巡航結束」，新華社（北京），2006 年 4 月 28 日，http://www.scssinfo.com/ZFJC/news/zfjc-0102.htm，2007 年 1 月 26 日下載。

[59] 「2006 年中國海洋行政執法公報」，中國海洋信息網（北京）。

[60] 「廣東省建立海域使用管理與海監執法協調制度」，國家海洋局南海資訊中心（廣東），http://www.scssinfo.com/HYGL/news/gl_0007.htm，2007 年 1 月 26 日下載。

[61] 「中國漁政和公安海警展開北部灣漁業海上聯合監管」，新華網（北京），2005 年 9 月 22 日，http://www.scssinfo.com/HYGL/news/Gl_0230.htm，2007 年 1 月 29 日下載。

4.成立西沙海上救助基地

為強化南海地區海上立體救助體系，中共交通部在西沙群島的第一大島，建立西沙救助基地，並於 2006 年 7 月 15 日正式啟用，標誌著中共南海海區海上救助框架基本建成[62]。

西沙海域是國際海上航運最繁忙的交通線之一，也是中國聯對外貿易的重要通道和重要漁場。西沙永興島成為中共目前最南端的海上救助基地，使中共海上救助值班站點向南前移二百多浬，救助航行縮短十多小時。在此建立救助基地，除可對外宣稱善盡履行國際海上救助公約，維護海上人命財產安全的責任外，亦可就近支援海軍在南海海域活動所需的後勤保障任務，故可說是具有極重要的戰略地位。

5.近海海洋綜合調查與評價（簡稱 908 專項）

海洋戰場的各個環境要素（如海底地形地貌、海洋重力、海洋磁力等），都對海軍作戰有深遠的影響。因而，海洋測量就成了一切海上軍事活動及戰場準備的基礎。

上環境要素的測量是一項長期、艱苦的浩大工程，必須要提前規劃、未雨綢繆，充分利用和平時期完成。特別是有些海洋水文參數（如溫度、鹽度、海流、潮汐等）和海洋聲學參數（如聲速、背景噪聲、反射特性等），需要進行長期性觀察才能獲得完整的數海據；而對於特殊需要的參數測量（如最大風值、最大波高），更需要長期觀察，並使用專項設備、配套特殊的技術措施來完成[63]。

---

[62]　「交通部西沙救助基地 15 日在我國南海永興島啟用」，新華網（北京），2006年 7 月 15 日，big5.xinhuanet.com/gate/big5/news.xinhuanet.com/newscenter/2006-07/15/content_4837891.htm，2007 年 10 月 10 日下載。

[63]　「維護國家海洋權益 中國建立東海定期巡航制度」，新華網（北京），2007年 4 月 12 日，http://big5.xinhuanet.com/gate/big5/news.xinhuanet.com/mil/2007-04/12/content_5964941.htm，2007 年 4 月 13 日下載。

資料來源：新華網（北京）

圖 11　西沙海上救助基地

　　所以自 1949 年以來，中共在近海海域已展開二次較大規模調查。不過，由於受當時調查技術限制，這二次調查所獲取的資料精度、數量、範圍都已老舊。加之近二十年來海洋環境的變化，相關資料已無法正確反映當前基本現狀。為發展海洋經濟，達成海洋開發戰略佈署，中共依據《全國海洋經濟發展規劃綱要》的實施，展開自 1949 年以來最大規模的近海海洋綜合調查與評價工作，涉及中國內水、領海及部份領海毗連海域，面積超過 67 萬平方公里，預定於 2009 年完成[64]。

---

[64] 「中國啟動最大規模近海海洋綜合調查」，大紀元，2005 年 5 月 14 日，http://tw.epochtimes.com/bt/5/5/14/n921781.htm，2007 年 2 月 14 日下載。

　　「908 專項」包括三項基本任務：進行中國近海海洋綜合調查、進行中國近海海洋綜合評價、構建中國近海「數位海洋」資訊基礎框架。通過本專項的實施和成果運用，能夠掌握中國近海海洋環境狀況變化趨勢，滿足中共國家決策、經濟建設和海洋管理的需要[65]。

　　「908 專項」完成後，不但可以作為日後與周邊國家爭議海域劃界的重要參考依據外，亦可提供中共海軍艦艇活動所需的戰場水文資料，其戰略意涵深遠。

第三節　中共對美海事交流合作的需求

　　由於海洋執法力量的不足及分散，以往中共在遭遇海事安全問題及爭端時，主要是派遣解放軍戰機及戰艦前往處理。然而這卻對胡錦濤主政時所力倡的「和諧世界」形成矛盾。

一、中共海事安全發展的限制

　　以目前中共海事安全的發展情況，至少存在下列四項限制。

半套的海洋戰略

　　參證美國的發展脈絡，完整的海洋戰略，應涵括「海洋發展」與「海洋安全」等層面。綜觀中共歷年所公布的海洋政策指導，重

---

[65] 「走進『908 專項』中國近海海洋綜合調查與評價總體目標」，中國海洋報（北京），2005 年 6 月 8 日，http://www.scssinfo.com/HYGL/news/Gl_0204.htm，2007 年 5 月 6 日下載。

點多置於勾勒海洋經濟戰略。至於海洋安全戰略，則散見於 1998 年所公布《中國海洋事業白皮書》中，所提及「要保證國防建設的用海需要，與保護海上軍事設施」；以及 2006 年國防白皮書中提到，「海軍將逐步增大近海防禦的戰略縱深，提高海上綜合作戰能力和核反擊能力」。所以充其量僅是半套的海洋戰略。

除此之外，目前中共的海洋事業發展政策，仍停留在部門政策或行業政策，缺乏國家層面上的海洋總體戰略和政策，也沒有一套完整的海洋基本法。相較於 2007 年 4 月 20 日完成《海洋基本法案》修訂通過的鄰國——日本來說[66]，中共目前的海洋力量仍形不成整體力量。這種狀況，不利於中共在新世紀的和平發展和國際競爭[67]。

因此在 2007 年中共的十屆人大五次會議中，海軍司令員吳勝利便強調：「國家應從戰略全局的高度，研究制定我國海洋安全戰略，

---

[66] 2006 年 4 月，在日本自民黨政調會長中川秀直提議下，部分議員和專家成立「海洋基本法研究會」，並推出《海洋基本法案》草案。日本《海洋基本法案》旨在改變目前相關省廳間各自為政的局面。在管理專屬海洋經濟區、保護海洋環境、開發大陸架和海底資源等領域實施綜合有效的政策。目前日本負責本海洋政策為國土交通省、外務省、經濟產業省、防衛廳等八省廳。《海洋基本法案》通過後，未來將任命海洋政策大臣、設立綜合海洋政策會議，並由首相招集進行相關討論。而日本國土交通省，在海洋探測設施等作業場所周圍設置半徑 500 米的「安全水域」，禁止未經許可的船隻靠近。這部國內法通過後，對與日本有領海相連國家的海洋政策產生微妙影響。見「日本修訂海洋基本法：海上作業劃禁區防中國」，中評社（香港），2007 年 4 月 26 日，http://www.zhgpl.com/doc/1003/5/5/8/100355865.html?coluid=2&kindid=0&docid=100355865，2007 年 12 月 10 日下載；及「日本海洋政策走在中國前面　我東海壓力陡增」，中國經濟網（北京），2007 年 1 月 26 日，http://news.china.com/zh_cn/domestic/945/20070126/13903604.html，2007 年 1 月 26 日下載。

[67] 「中國應盡快統一國家海洋管理權屬，建立問責制度」，南海海洋網（廣州），2006 年 9 月 7 日，http://www.scssinfo.com/HYGL/news/Gl_0270.htm，2007 年 6 月 4 日下載。

用以指導我海洋方向的戰略行動，有效維護我國海洋權益、海上資源和海上戰略通道的安全」[68]。

　　自 1998 年《中國海洋事業白皮書》公布迄今已近十年，中共是否會在輿論敦促下，公布一套完整的海洋戰略，值予觀察。

多頭馬車的海洋執法機構

　　中共的海域執法機關屬於多元型組織[69]，各單位間僅存在協調機制。目前中共海洋執法機關有國家海洋局海監總隊、農業部漁政指揮中心、交通部海事局海巡總隊、海關總署、公安部邊防海警部隊等多個單位，且都擁有自己的執法力量。這些機關互不隸屬，且任務性質近似。舉例而言，海監總隊的海上巡邏機，並不會支援漁業局的海上巡邏艦船，因此中國在北太平洋海域的漁業巡邏，如果沒有國際海警機構的支援，將會無功而返。而中國的海警部隊只擁有巡邏艇，缺少飛機和指揮中心，因此完全由軍區邊防指揮部管轄，只能完成岸上執法任務[70]。相較於美國現以國土安全部，統籌負責包括海洋執法在內攸關國土安全等業務，中共海洋執法機構就顯得較為分散。

　　中共海洋執法主體的法律地位仍不明確，無法明確律定海上執法力量任務區隔，造成部門糾紛和權屬之爭，迄今仍存在整合效能不佳缺失。此外，中共海上執法人員素質有待提高。目前，中共海

---

[68] 「制定國家海洋安全戰略，加大軍事設施保護力度」，人民海軍報（北京），2007 年 3 月 12 日，版 2。

[69] 邊子光，海洋巡防理論與實務（台北：中央警察大學出版社，2005 年 2 月），頁 94。

[70] 「美國專家談中美海事安全合作前景」，中國國際戰略研究網（北京）。

上執法人員隊伍還存在著執法人員的來源沒有統一標準、執法人員編制不一、管理較為混亂和部分執法人員文化素質偏低等問題[71]。

對於上述問題，中共南海研究院院長吳士存便提到，中國的海洋執法與管理機構設置不合理，長期形成「群龍鬧海」的局面，從上到下眾多涉海部門，各有各的職責與許可權範圍，職能重複與缺位並存，不可避免地導致效率低下[72]。曾任公安部副部長的田期玉，也在 2006 年 3 月的中共政協會議上也指出，中共現有海洋執法隊伍，其職能單一、力量分散，造成重複建設，資源浪費極大，收不到應有實效，並倡議以當前正在北部灣執行巡邏監管任務的公安海警部隊為基礎，整合海洋執法隊伍，以負責海上護界、打擊走私、海上反恐、維護治安、護漁護航等任務。隱約透露出中共對於海上反恐的有心無力[73]。人大代表陳儀更建議，對現有海洋執法隊伍進行有效整合，加強海洋執法隊伍裝備、人才建設，建立健全相配套的法律法規，維護國家海洋權益[74]。

由於各單位本位主義強烈，所以目前中共仍無法有效進行組織整併工作，以提升行政效率，目前只能採用聯合執法的治標方式。

---

[71] 李建設，「進一步完善我國海洋行政執法體制」，中國海洋報（北京），第 1578 期版 3（2007 年 2 月 6 日），電子檔見 http://www.coi.gov.cn/oceannews/2007/hyb1578/31.htm，2007 年 2 月 14 日下載。

[72] 「中國應盡快統一國家海洋管理權屬，建立問責制度」，南海海洋網（廣州）。

[73] 「原公安部副部長倡議建立中國『海岸警備隊』」，中華網（北京），2006 年 3 月 13 日，http://big5.china.com/gate/big5/military.china.com/zh_cn/news/568/20060313/13165173.htm，2006 年 11 月 18 日下載。

[74] 「兩會圖文：解放軍代表建議整合海上執法隊伍」，新華網（北京），2007 年 3 月 11 日，http://gfs.nbu.edu.cn/news_view.asp?newsid=162，2007 年 6 月 10 日下載

海巡力量薄弱與不足

2006 年 6 月 11 日，美國國土安全部海岸防衛隊「急流」號執法船訪問青島，這艘執法船，船長 115 公尺，寬 13 公尺，滿載排水量 3,300 噸，航速 29 節，續航能力高達 9,600 浬。相比之下，中共海洋執法力量因部門分割顯得十分薄弱。中共海洋、交通、漁業、邊防、海關等都擁有自己的執法力量，都在各自購置船隻和飛機，但只能在中國近海執法。目前東亞國家中，較具規模之海洋執法力量包括日本的海上保安廳及南韓的海洋警察廳。

日本海上保安廳乃仿效美國海岸防衛隊所創設。「911」事件後，日本海上保安廳雖未如美國海岸防衛隊進行相關組織調整，但是為加強自身可能遭逢之恐怖攻擊，業已頒布一連串措施，並且加強對反恐活動之反制能量。另外，加強與海軍之合作與防止北韓間諜船入侵，並因應週邊事態。

南韓為有效執行海上保安工作，於 1953 年 12 月 23 日在釜山成立海洋警察隊。1991 年 8 月 1 日更名為海洋警察廳（Korean National Maritime Police Agency, NMPA），隸屬於內政部警政署，而以警衛海域，海難救助及海洋污染之監視與處理等有關海上警察事務為其任務。1996 年 8 月 8 日，成立海洋事務暨漁業部（Ministry of Maritime Affairs and Fisheries, MOMAF），且將海洋警察廳改隸海洋水產部下之獨立單位，實行統一海洋執法，負責海域執法與污染應變並藉由安全之巡護，確保國家利益及專屬經濟區之漁業管理[75]。

---

[75] 吳東明主持，借鏡美日韓各國、探討我國海巡署發展策略之研究（正式報告），P. V Ⅱ。

2005 年 3 月 22 日加入中共海事局服役的「海巡 31」船（排水量 3,000 噸），是中共眾多海洋執法機關中，所佈署第一艘擁有直升機起降平台、立體化執法能力的海巡船，也是最先進且資訊化程度最高的船舶。

但相較早已配備多艘現代化大型海巡船舶的日本海岸警衛隊、南韓海岸警察廳，甚或美國海岸防衛隊而言，中共海巡兵力明顯薄弱與不足，更遑論中共海上鄰界的國家還包括北韓、南韓、台灣、菲律賓、越南等，單純以現有海巡力量，根本無法首尾兼顧去處理中國大陸領海的海事事件。所以中共近幾年除陸續接收海軍除役護衛艦外，亦積極籌建各式海洋執法艦艇。

避免影響建構中的和諧世界

2005 年 9 月，中共國家主席胡錦濤在聯合國成立六十周年大會上，首次提出建設「和諧世界」的理念，並致力於促進和平解決國際爭端，維護世界和地區安全穩定。

中共海軍平時之任務，與世界多數國家相似，兼負著海上警察的角色。加上海洋執法力量的分散及不足，故以往當中共遭遇到海事安全問題（如北部灣與越南的海事漁業糾紛），或海上主權爭端（如東海油田與日本主權糾紛）時，均是派遣解放軍機、艦前往處理。然而以軍事手段處理此等海事問題，除增加軍隊平時的任務負荷外，當遇到海上主權爭議時，更易升高兩國爭端，而增加擦槍走火的可能。這將與胡錦濤所力倡的「和諧世界」背道而馳。

2005 年 9 月 9 日上午 9 時左右，日本海上自衛隊第一航空群的 P3C 巡邏機，在琉球久米島西北方約 290 公里的東海上，發現包括一艘「現代」級飛彈驅逐艦（DDG-137）和二艘飛彈護航艦在內的

　　五艘中共軍艦，在春曉油田周圍的海上航行[76]。這是中共首次派遣海軍主力作戰艦艇前往主權爭議海域進行巡弋。

　　耐人尋味的，是自 2006 年開始，改由實施東海油氣資源海域的東海維權執法、北部灣海域及海上邊界巡航等工作[77]。中共改派海監船隻前往主權爭議海域進行巡弋的作法與去年同時期迥異，除有宣示主權意味外，亦突顯了中共所企圖建構的「和諧世界」。

資料來源：股市觀察員網站（北京）

圖 12　中共「現代」級飛彈驅逐艦（DDG-137）巡弋東海油田

---

[76] 「五艘中國軍艦首次在春曉油田附近海面航行」，大紀元，2005 年 9 月 9 日，http://www.epochtimes.com/b5/5/9/9/n1047281.htm，2006 年 11 月 19 日下載。

[77] 「2006 年中國海洋行政執法公報」，中國海洋信息網（北京）。

二、部分對美海事交流合作的需求

中國已意識到自身正在發展成為一個海上大國，但其海洋執法機構的發展步伐卻嚴重落後。所以近來，中共的海洋執法機關，也逐漸擴展對外合作關係，其最重要的，自是經驗豐富的美國。

強化海域執法經驗

由於中共在維護國家海上權益方面的能力，不若美國海岸防衛隊裝備先進、人員經驗豐富。而美國海岸防衛隊在管理海上民事事務方面擁有二百多年的經驗，而這一方面又是當前中國比較關注的新焦點。所以美國一直是中共學習和借鑒的對象，並企圖從雙方的合作中進一步獲益。而目前迫切需要的，便是汲取海域執法經驗，以增強維護海上安全的能力。

所以中共積極開展與美國在海上非傳統安全領域的合作，整合區域資源，進行聯合搜救演習，提高協同作戰能力，共同打擊國際恐怖主義、海盜、走私、販毒和非法移民等海上犯罪[78]。除了 2004 年，胡錦濤於智利首都聖地牙哥所舉行的亞太經合會非正式領袖會議期間，與布希提出在雙向、互利原則下，加強反恐、執法等領域的交流和合作外[79]。2006 年美國海岸防衛隊司令科林斯（Adm. Thomas Collins）訪華期間，中共國家海洋局局長孫志輝亦提出雙方今後開展海上執法合作的幾點建議，包括雙方代表團進行定期或不

---

[78] 「中國迫切需要增強海軍力量維護海上貿易通道」，中國新聞網（北京）。

[79] 「胡錦濤提出與美國、俄羅斯發展關係意見」，博訊網（北京），2004 年 11 月 22 日，http://www.peacehall.com/news/gb/china/2004/11/200411220015. shtml，2007 年 11 月 8 日下載。

定期互訪和交流、開展海洋環境保護執法合作、強化海上資訊交流、派遣中國海監執法人員赴美國海岸防衛隊培訓學習等議題[80]。

　　也因為美國海岸防衛隊的責任涵蓋範圍較廣，所以與中共的海事、海監、漁政、環保及邊防部門都有業務關聯。自 1993 年起，中共每年即派遣漁政員與美國海岸防衛隊參加海上聯合執法行動。從 2002 年起，中共開始每年派遣漁政船遠赴北太平洋巡航。在 2004 年的巡航中，中共漁政船更得到了美國海岸防衛隊進一步的技術情報支持和配合。

加強海洋科技合作

　　當前海洋科技已進入全球科技競爭階段，而美國在海洋科技部份起步較早。

　　在 2006 年召開的中共全國科學技術大會上，國家主席胡錦濤特別強調「要加快發展空天和海洋科技，和平利用太空和海洋資源」[81]。然而，中共海洋科技對海洋經濟的應用程度仍然不高，海洋科技力量亦較分散，所以中共要迎頭趕上，就必須借力使力，強化中美的海洋科技合作。1979 年 5 月 8 日，中共國家海洋局和美國海洋大氣管理局所簽署的中美《海洋和漁業科學技術合作議定書》，便點出中共對美國的需求。

---

[80]　「美海岸警備隊司令訪國家海洋局探討海上執法合作」，中新網（北京），2006年 2 月 27 日，http://www.law-lib.com/fzdt/newshtml/ywsf/20060227161634.htm，2007 年 10 月 15 日下載。

[81]　「朱敏慧、田靜委員：加強海洋戰略發展規劃」，中國海洋報（北京），1587期（2007 年 3 月 20 日），電子檔見，http://www.coi.gov.cn/oceannews/2007/hyb1587/23.htm，2007 年 4 月 16 日下載。

其中從第一個執行專案「中美長江口沉積作用過程合作研究」中，中共自兩國海洋科技交流裡，即獲益不少。不但生了許多新的認識，填補了沉積動力學和底層海洋學研究的空白，而且從美國參加研究的「海洋科學家號」科學考察船上，獲得了過去無法取得的一些海洋調查新技術，並仿製美國海洋調查儀器設備，進而縮短中共海洋調查技術與世界先進水平的差距。

第四節　小結

借力使力　扶搖而上

中國的軍事力量崛起之路，處處受到美國的制肘，但這條巨龍反而藉著反恐之力，強壯它與美國的軍事關係、茁壯自己的海事安全能力。

中共國務院副總理曾培炎曾強調：「要高度重視海洋開發在中國經濟社會發展中的重要地位，加強海域使用管理，保護海洋生態環境，維護國家海洋權益，促進海洋經濟持續、快速、穩定發展」。海洋權益事關中共的國家與民族利益，隨著中俄之間關係的改善，來自中國北方的威脅逐漸降低，讓中共得以將發展重心轉移到東南沿海地區。

中共當前海洋工作有六項重要任務：一是加快海洋開發，促進海洋經濟發展；二是加強海洋管理工作，維護海洋開發秩序；三是開展綜合整治，保護海洋生態環境；四是強化海洋執法，維護國家

海洋權益；五是大力發展高新技術，提高海洋科技創造新力；六是加強海洋工作領導，開拓海洋工作新局面[82]。除此之外，中共還打算建立軍民兼用的海洋環境安全體系，以改變海洋保障能力的戰略劣勢[83]。

　　茁壯的海洋執法與防衛能力，將是中共發展海洋經濟、強大中共綜合國力的有力保障。所以中共對內將持續強化海洋執法力量，以求完整海上防衛能力；對外則透過海域行政執法機關及海軍，與具有相同海上非傳統安全領域的反恐需求的美國，進行交流與合作，以借鑑其豐富的海事經驗與強大的海事力量。一方面穩固中美兩國關係，一方面則彌補自身海事安全能力的不足。

---

[82] 「曾培炎：要重視海洋開發　提高全民族海洋意識」，人民網（北京），2004年12月20日，http://www.people.com.cn/BIG5/shizheng/1024/3067780.html，2007年6月5日下載。

[83] 「中共將設海洋安全體系」，聯合報，2006年6月12日，版A13。

第三章　美國維護海事安全能力

　　1890 年美國國會通過《海軍法》，同意建立一支遠洋海軍。而後來馬漢所提出的《海權論》，更為美國走向稱霸海洋的道路，提供理論基礎。馬漢曾提到，所有帝國的興衰，決定性的因素在於是否控制了海洋。直至今日，美國確保國家海上利益及維護海事安全的能力，仍是中共所望其項背的。

第一節　美國在西太平洋地區海洋利益面臨威脅

　　海洋安全一直是美國最重要的國家安全領域。而美國同時也是一個太平洋國家，在東亞及東南亞等地區，存在廣大的國家利益。所以西太平洋地區的穩定與繁榮，也直接影響到美國整體的國家發展。然而二十一世紀恐怖主義猖獗，讓美國在西太平洋地區的利益，面臨更加複雜的威脅。

一、美國在西太平洋地區的海洋利益

　　對美國而言，西太平洋存在著巨大的海洋利益，不但攸關其國家經濟發展，也影響美國的整體國家安全。

維繫國家生存的安全利益

　　美國是世界第一大石油消費國和原油進口國，一半以上的石油需求是依靠進口，年進口原油近 5 億噸，佔世界原油貿易的近三分之一。根據美國能源部預測，到 2010 年，美國石油進口依賴程度將達 70%。當中，全世界約有三分之一的貿易及石油運輸，是經過麻六甲海峽、新加坡這個繁忙海域[1]，這當然也包括美國。所以基於海商貿易與航行自由的雙重考量，美國國防部曾將八個海域列為「美國的生命線與重要通道」，當中在西太平洋區域，即包含麻六甲海峽、龍目海峽、以及南中國海等三個海域[2]。

　　因此，確保海外能源供應無虞，尤其是經過亞太地區到達美國這條海上交通命脈，是美國政府歷來最為關注的問題之一[3]。另根據在英國所發現的「基地（al-Qaida）」組織指導手冊，恐怖組織可能在海港碼頭招收大批恐怖分子，並以普通貨物的方式運送爆炸物、化學武器乃至核武器等進入美國。種種跡象表明，港口城市將很有可能成為恐怖分子進行襲擊的突破口[4]。所以海事安全是美國極其重要及優先的國家利益[5]。制止恐怖份子及流氓國家威脅或使用大規模殺傷性武器攻擊美國，是美國新世紀最重要的戰略目標。而其中恐怖活動最具威脅的攻擊管道，就是透過海上交通線危害美國。

---

[1]　"The National Strategy for Maritime Security", p15.

[2]　Reynolds B. Peele, "The Importance of Maritime Chokepoints," *Parameter*, Summer 1997, pp.61-74.

[3]　張運成，「能源安全與海上通道」，中國現代國際關係研究院海上通道安全課題組，海上通道安全與國際合作（北京：時事出版社，2005 年 1 月），頁 109。

[4]　張麗娜，「海上反恐與國際海運安全制度的新發展」，中國論文下載中心（北京）。

[5]　"The National Strategy for Maritime Security", p2.

攸關國家發展的經濟利益

除了維繫國家生存的安全利益外，美國的經濟利益絕大部分也依賴海上交通線。美國擁有眾多世界級的大吞吐量海港。據統計，每年有七千五百多艘商船停靠美國海港碼頭大約五萬多次，裝卸船運貨櫃達六百多萬個。這些海事商業活動每年為美國帶來 7400 億美元的國民生產總值，而且按照目前的發展速度，在未來的二十年內，這些數字還將增長四倍以上。

在西太平洋地區，除了安全連結外，美國與這個區域的亞太國家，也維持著緊密的經濟合作關係。1990 年代初期起，美國與亞太國家的雙邊貿易，即超過美國與歐洲國家的雙邊貿易。而 1994 年，美國與亞太國家的雙邊貿易，更佔其全部對外貿易的 36%，其金額為美國與拉丁美洲國家雙邊貿易的三倍；為美國與歐洲國家雙邊貿易的 1.5 倍[6]。1997 年，美國與東亞國家的雙邊貿易金額更增至 5 千億美金[7]。所以美國前太平洋軍區司令拉森（Charles R. Larson）上將便曾指出：「東亞地區關係著美國未來」[8]。

當前，由於美國與亞太區域的雙邊貿易不斷的攀升，加上此區域擁有麻六甲海峽、龍目海峽、南中國海等全球最重要的海上交通

---

[6]　Lieutenant Commander Ulysses O. Zalamea, "Eagles and Dragons at Sea: The Inevitable Strategic Collision between the United States and China", *Naval War College Review*, Autumn 1996, Vol. XLIX, No.4, p.63. 。

[7]　William Cohen, *The United States Security Strategy dor the East Asia-Pacific Region*(Washington, D.C.: Government Printong Office, 1998), pp.6-7. 轉引述自瞿文中，「中共與美國簽署『加強海上軍事安全磋商機制協定』之研究」，頁 8。

[8]　Charles R. Larson, "America's Pacific Challenge, 1993 and Beyond," *Vital Speech of Day*, December 1 1993, pp.63-64.轉引述自瞿文中，「中共與美國簽署『加強海上軍事安全磋商機制協定』之研究」，頁 8。

線。因此，確保西太平洋公海的航行自由，海上經貿往來，以及海上交通線安全，關係到美國在亞太區域國家發展的重大經濟利益[9]。

二、美國西太平洋海洋利益面臨威脅

美國小布希總統在簽署《2004 年情報改革及恐怖主義預防法（the Intelligence Reform and Terrorism Prevention Act of 2004）》時，曾提到「進入二十一世紀後，美國面臨的新威脅已經不再是擁有大規模軍隊的帝國（蘇聯），而是四處藏匿、沒有國界的恐怖分子。恐怖分子只要一擊成功就能給美國造成巨大的傷害。情報機構和執法部門必須做到萬無一失」[10]。這點出了新世紀美國所面臨的威脅，不再只是單純的軍事擴張而已，而是四處流竄的恐怖份子。而由於各國已經加緊防衛陸、空設施，所以恐怖份子便逐漸轉向海事設施，尋求脆弱而易攻擊的目標，特別是商船部份。所以當前海上交通線所面臨的恐怖威脅最大。

在 2005 年美國所公布的《國家海事安全戰略（The National Strategy for Maritime Security）》中，便指出美國目前遭受到來自海上的安全威脅，包括有恐怖主義等流氓國家、恐怖份子、跨國犯罪及海盜、海洋環境的破壞、海上非法移民等。這些威脅都將影響到美國在西太平洋的海洋利益。

---

[9] 翟文中，「中共與美國簽署『加強海上軍事安全磋商機制協定』之研究」，頁 8。

[10] "The National Strategy for Maritime Security", p1.

流氓國家的威脅

「流氓國家（Roque state）」一詞，是小布希政府任內所創造出來的一個名詞[11]，係指部分國家不但提供罪犯及恐怖份子棲息之地，並支援所需之大規模殺傷性武器（Weapon of mass destruction, WMD）系統、科技及遠程投射武器，使得恐怖份子得以對美國等國家發動恐怖攻擊，威脅美國，甚至其他國家的國家安全。這些美國所指的流氓國家，除了先前小布希總統所指的邪惡軸心（Axis of Evil）──海珊時代的伊拉克、伊朗、北韓外，在 2002 年 5 月 6 日美國副國務卿博爾頓（John Robert Bolton）又增加了三個政權：古巴、敘利亞，和稍後從黑名單中除名的利比亞。美國指責這些國家支持恐怖主義，或者其本身就是恐怖主義政權[12]。

有意思的是，中國雖然不在流氓國家的黑名單之內，但美國卻指責中國暗地資助這些流氓國家。美國負責國際安全事務的助理國防部長羅德曼（Peter Rodman），在參加國會「美中經濟及安全檢討委員會」提到：「中國的短視行動，在我們眼中似乎是很危險的。無論是過去還是現在，中國任由武器擴散，這令它本身的利益也會受到危害。美國認為，中國願把大量不同種類的科技，供應給世界各地的顧客」。羅德曼除點名伊朗及北韓外，其他懷疑對象還包括非洲的蘇丹、津巴布韋，亞洲的緬甸，美洲的古巴和委內瑞拉。羅德曼

---

[11] 維基百科，http://zh.wikipedia.org/wiki/%E6%B5%81%E6%B0%93%E5%9C%8B%E5%AE%B6，2006 年 12 月 24 日下載。

[12] 「美高官稱利比亞、敘利亞和古巴是打擊目標」，人民網（北京），2002 年 5 月 7 日，http://www.people.com.cn/GB/guoji/22/86/20020507/723100.html，2006 年 12 月 24 日下載。

說，北韓 2006 年 7 月初試射七枚飛彈，還有黎巴嫩真主黨游擊隊襲擊以色列軍艦所使用的巡航飛彈，都與中國有關[13]。

2001 年 9 月 30 日，美國國防部在公布的《四年國防總檢報告》中指出，美國必須強化在西太平洋與東北亞的反應能力，用以因應區域內一個具有強大資源的競爭對手[14]。就戰略與安全角度而言，美國未來亞太戰略重心，應在防止崛起的中國對其形成威脅，甚至挑戰其在亞太區域的主導權。而在 2006 年美國國家安全戰略中，透露出美國憂心中國走回頭路[15]。這包括持續的軍事擴張與軍事不透明，及對台灣不放棄採取武力行動的立場。隱含之意，雖然中國不是美國所謂的流氓國家，但其不斷資助這些與美國敵對國家的舉措，讓中國成為美國在西太平洋的潛在威脅。

恐怖份子、跨國犯罪與海盜威脅

國際恐怖主義的特點，在於尋求薄弱環節，對特定國家實施暴力襲擊，以造成大量人力、物力的損失，製造社會恐慌。隨著包括美國在內的世界各國，及區域經濟對重要海上交通線的依賴日增，海上交通線已成為全球貿易經濟往來最頻繁的途徑之一[16]，也是最

---

[13] 「美國指責中國向『流氓國家』輸出軍備」，青年參考報（北京），2006 年 9 月 19 日，版 7。

[14] US. Department of Defense, *Quadrennial Defense Review Report*(Washington, D.C.: Department of Defense, 2001), http://www.Defenselink.mil/pubs/qdr2001. pdf, accessed 2007/6/5.

[15] "The National security strategy 2006" , *the white house website*（Washington, D.C.）,2006, p41.

[16] 歐陽立平，「海上恐怖與大規模殺傷性武器擴散」，中國現代國際關係研究院海上通道安全課題組，海上通道安全與國際合作（北京：時事出版社，2005 年 1 月），頁 129。

易遭受恐怖份子威脅的管道。所以對世界各國，尤其是瀕海國家而言，恐怖份子、包括走私在內的跨國犯罪，以及海盜活動，一直是海事安全最大的一項威脅。

　　恐怖分子的手段是無所不用其極，其中一個重要手段是利用海上進行恐怖攻擊。這些手段包括自殺小艇、小型航空器、載運飛彈的商船、潛水人員或水下無人攻擊載具、水雷等[17]。

　　2000 年 10 月基地組織利用自殺小艇攻擊在葉門執勤的美國「柯爾（Cole, DDG-67）」號驅逐艦。2000 年 6 月，「柯爾」號載著三百五十名美國海軍官兵，前往地中海執勤。10 月 12 日上午抵達葉門亞丁港，當地時間中午 11 時 20 分左右，正在港內加油的「柯爾」號突然遭到一艘不明身份、滿載炸藥的小型橡皮艇的自殺式襲擊。導致十七名水兵死亡、三十三人受傷。爆炸發生後，該事件立刻成為當時全球矚目的焦點，「柯爾」號船身上的大洞，被登上世界各大媒體的頭版頭條。一艘斥資 10 億美元打造的先進戰艦，竟然被恐怖分子用簡陋設備炸得喪失作戰能力，而當時「柯爾」號還正處於「二級警戒狀態」（甲板上部署水兵武裝值勤），即便如此，在美國海軍官兵的眾目睽睽之下，橡皮艇還是全速撞上了「柯爾」號左舷的水線部位。

　　2003 年 6 月，國際海事局警告，繼 2002 年印尼巴里島發生恐怖爆炸事件後，海上恐怖襲擊將是下一個目標。當前不只海上恐怖組織與有組織犯罪相互勾結，而且恐怖組織織間也在狼狽為奸，並將矛頭對準海上交通線上繁忙的船隻[18]。而今日的海盜，不但具有

---

[17]　"The National Strategy for Maritime Security", p4.
[18]　歐陽立平，「海上恐怖與大規模殺傷性武器擴散」。

資料來源：新華網（北京）

圖 13　2000 年遭受恐怖攻擊的美國「柯爾」號驅逐艦

良好的組織性，而且裝備先進的通訊、武器及高性能船舶，且常與恐怖份子勾結，或參與恐怖攻擊活動。在西太平洋地區，恐怖份子、跨國犯罪與海盜，已彼此產生連動，而不斷威脅包括美國在內，依賴海上運輸的國家。

　　除此之外，海上交通線雖促進國際間的商業往來，但不可否認的，也提供恐怖組織或國家一個運輸武器、賺取資金的便利通道。也因此，美國極力推動「貨櫃安全倡議（CSI）」及「防擴散安全倡議（PSI）」。

海洋環境的破壞

美國東臨大西洋、西濱太平洋，其豐富的海洋資源，也刺激國內經濟發展。如果海洋遭受嚴重污染，不但威脅美國漁業等資源、也會影響美國的經濟發展。所以保護海洋資源，避免非法開發及傷害，成為美國海洋安全戰略重要的一環[19]。

有一種觀點即認為，日益加重的海洋污染、造成災難的大海嘯、頻繁發生的赤潮，和不可逆轉的海平面上升，不僅嚴重威脅到海洋生態和海洋環境，更危及到人類的生存與發展。這已成為需要全球共同應對的海洋安全問題[20]。

與中國等世界瀕海國家相同，美國的海洋產業，對海洋生態環境有不同的依存程度，一旦過度開發或遭受破壞，將對經濟造成無法估計的損失。所以除加強自己的保護能力外，美國亦尋求與其他國家合作，保護海洋資源。諸如中美所簽署《關於有效合作和執行聯合國大會 46/215 號決議的諒解備忘錄》，便是最佳例子。

第二節　美國維護海事安全能力現況

由於美國很早即重視海權發展，所以其維護海事安全的能力也建立的很早。及至「911」事件發生後，美國開始對其海事安全戰略進行大規模調整。首先便是提出新世紀的海洋政策。

---

[19] "The National Strategy for Maritime Security", pp.6-14.

[20] 吳繼陸，「海洋安全內涵隨時代發展不斷豐富」，國家海洋局網站（北京），電子檔見 http://www.soa.gov.cn/zhanlue/15873d.htm，2007 年 5 月 14 日下載。

一、新世紀美國的海洋政策

面對二十一世紀的國際情勢，美國陸續發表一系列的海洋戰略。這包括海洋發展政策與海洋安全戰略。

海洋發展政策

2004 年所制定的海洋發展政策中，再一次重新評估了海洋的作用和價值，提出了海洋是可持續發展資源與寶貴財富的思想，並公布《二十一世紀海洋藍圖（An Ocean Blueprint for the 21st Century）》及《海洋行動計畫（Ocean Action Plan）》。

美國海洋政策委員會於 2004 年 9 月 20 日完成並送交國會報告的《21 世紀海洋藍圖》[21]。內容區分九個部份，包括國家海洋資產與挑戰、新國家海洋政策框架、海洋教育與公眾意識的重要性、實現沿海經濟的可持續增長、改善沿海水域環境、加強海洋資源保護與利用、加強海洋科學研究、國際海洋政策、實施新海洋政策的預算來源等。

《二十一世紀海洋藍圖》還包含了二百一十二條建議，涉及海洋和沿岸政策的各個方面，其中把制定新的國家海洋政策框架、促進海洋科學和教育、將海洋資源管理和沿海開發轉向基於生態管理的目標、改善對聯邦部門活動和政策的協調、改善基於生態系統邊界的區域管理，以及發展平衡海上多種用途的協調管理，作為中心議題。在兩百多項建議中，美國海洋政策委員會提出急需做的主要

---

[21] "An Ocean Blueprint for the 21st Century", *the U.S. oceancpmmission website* （Washington, D.C.）, www.oceancommission.gov/documents/welcome.html, September 20 2004,accessed 2007/12/10.

工作包括：設立國家海洋委員會、加強美國海洋大氣局的職能、鼓勵地方部門組建區域性的海洋管理委員會、加強海洋科學研究的投資、實施國家聯合海洋觀測系統、加強海洋教育、加強海岸管理和濕地管理的聯繫、建立聯邦水域協調統一管理機制、減少非點源污染、改革漁業管理、加入《聯合國海洋法公約》、以海洋政策信託基金，為實施上述建議提供資金支援等。

　　為落實《二十一世紀海洋藍圖》，美國在 2004 年 12 月 27 日公布《海洋行動計畫》[22]。計劃區分六個部份，包括加強海洋工作領導與協調，促進對海洋、沿岸和大湖的了解，加強海洋資源的利用和保護，加強沿岸和流域管理，支援海洋運輸業發展，促進國際海洋事務合作。

　　相較於中國，美國的海洋政策顯得成熟穩健。先由專責政策委員會提出建議後，再經行政部門擬定計畫執行。這也是中共一直無法比擬之處。

海洋安全戰略

　　除了海洋開發，更重要的是如何在發展中，確保美國自身的海洋安全。

　　美國國防部長倫斯斐，在 2004 年 6 月出席由新加坡政府和總部設在英國倫敦的國際戰略研究所共同主辦的亞洲安全大會時提到，美國在全球新秩序中的亞太地區新戰略包括：強化與盟國的關係與合作、加強具有機動性的軍事存在，以及改變過去在戰略上受國界

---

[22] "U.S. Ocean Action Plan", *the white house website*（Washington, D.C.），www.state.gov/r/pa/prs/ps/2004/39924.htm, December 17 2004,accessed 2007/12/10.

所限的思維方式，以更靈活的方式處理意外事件，從而應付跨國界的威脅，尤其是恐怖主義威脅[23]。

　　早在「911」事件發生後，美國安全專家即認為根據當時的安全保護措施，美國尚不具備預防港口恐怖襲擊的能力。有鑑於此，美國在「911」事件發生後不久，即分別在 2001 年 12 月與 2002 年 6 月，通過了《2001 年港口和海上安全法（the Port and Maritime Security Act 2001）》與《2002 年海上運輸反恐法（Maritime Transportation Anti-terrorism Act of 2002）》。這兩部法律不僅規定了美國海上反恐制度的框架和原則，而且也構成了美國港口安全制度的核心和基礎[24]。

　　「911」恐怖攻擊事件的發生，讓美國正式對恐怖活動宣戰，並開始調整整體國家安全戰略的重點與方向。而來自海上的恐怖活動，更是威脅到美國重要的國家安全與利益，所以除相繼公布《美國國家安全戰略（National Security Strategy）》外，2005 年白宮更公布《美國國家海事安全戰略（The National Strategy for Maritime Security）》。依據上述文件，美國所認知的海事安全，是「確保海上行動的自由，包括海上航行、貿易往來的自由，及保障海洋資源」。

　　而為達成二十一世紀最優先的國家安全戰略目標，是採取所有手段，防止大規模殺傷性武器透過海上交通線進入美國，以避免美國國土遭受恐怖攻擊。為支持國家安全戰略目標，美國的海洋安全戰略所揭櫫的首要指導原則，在於確保海上的自由。其次是促進及

---

[23] 「美國亞太安全戰略在東南亞引爭議」，世界新聞報（北京），2004 年 6 月 9 日，http://big5.cri.cn/gate/big5/gb.cri.cn/2201/2004/06/09/401@189397_1.htm，2007 年 12 月 10 日下載。

[24] 張麗娜，「海上反恐與國際海運安全制度的新發展」，中國論文下載中心（北京）。

確保海上商業與運輸活動的順暢。第三是阻擋危險份子及物品透過海上交通線進入美國[25]。

　　其中對於西太平洋，更是其海洋戰略的重心。美國海軍太平洋艦隊司令羅海德（Gary Roughead）上將指出，亞洲經濟發展日益重要，美國海軍重心正逐漸從大西洋轉向太平洋[26]。面對一個逐漸由陸權國家，轉向海上發展的崛起中國，美國或許無法放下戒心，但又不得不伸出友誼之手。

二、911 事件後美國海事安全戰略的調整

　　美國政府於「911」事件後，全面進行一連串因應措施與改革行動，其範圍涵蓋戰略建構、政策宣示、法令制頒、資源調配、組織重整、任務轉變、公私整合等面向，以強化與國土安全反恐工作相關之作為。其目的即在防範美國境內之恐怖主義活動，因應大型災難急難事件，增強美國維護本土安全的能力[27]。除相繼公布 2005 年《美國國家海事安全戰略（The National Strategy for Maritime Security）》、2006 年《美國國家安全戰略（National Security Strategy）》外，自 2004 年開始，美國開始進行相關的海事安全戰略調整。其中值得注意的重點，包括下列三個部分。

---

[25] "The National Strategy for Maritime Security", p2-7.

[26] 「美上將：海軍重心轉向太平洋，與中方合作愉快」，中評社（香港），2007 年 3 月 14 日，http://www.chinareviewnews.com/doc/1003/2/8/0/100328003.html?coluid=45&kindid=0&docid=100328003，2007 年 12 月 10 日下載。

[27] 張中勇，「美國『九一一』事件後國土安全作為對台灣安全的啟示」，新世紀智庫論壇，第 21 期（2003 年 3 月 30 日），頁 60。

海岸防衛隊劃歸新成立的國土安全部

1993 年 2 月美國本土首次遭受恐怖攻擊，至 2001 年 9 月 11 日震撼世界的紐約世貿中心恐怖攻擊事件，使美國堅定建構國土安全的反恐信念，並進行自 1947 年成立國防部以來，最大規模的政府組織重整[28]。

2001 年「911」事件發生後，美國小布希總統於同年 9 月 20 日，正式向國會提出成立直屬白宮的國土安全辦公室（The Office of Homeland Security）。2002 年 7 月首度公布國土安全戰略（National Strategy for Homeland Security）報告書，並揭櫫美國國土防衛的戰略目標與任務[29]。而屬於海上交通線第一道防線的海岸防衛隊，自 2003 年起，也由運輸部劃歸國土安全部管轄。移編後的海岸防衛隊為因應新世紀反恐任務，於 2002 年成立「海上安全與保障隊（Maritime Safety and Security Teams, MSST）」[30]。此外，為強化海域安全及海岸港口安檢，協助海洋防衛、確保海事安全，保護海洋資源，海岸防衛隊也大力汰換及提升巡防艦船的性能[31]。

這顯示美國海岸防衛隊已擺脫傳統的搜救任務，而朝向多元型態發展，這也包括大力推動國際合作。

---

[28] 吳東明主持，借鏡美日韓各國、探討我國海巡署發展策略之研究（正式報告），行政院海岸巡防署委託研究，2004 年 12 月，頁 167。

[29] "National Strategy for Homeland Security", *the the white house website*（Washington, D.C.），July 2002.

[30] "Maritime Safety and Security Teams", *U.S. Coast Guard web site*, http://www.uscg.mil/hq/g-cp/comrel/factfile/Factcards/MSST.htm, June 2005, accessed 2007/12/25.

[31] 張中勇，「美國『九一一』事件後國土安全作為對台灣安全的啟示」，頁 65。

加強國際反恐合作

　　面對全球化的浪潮，強化國際合作以抵禦海上威脅，是美國新世紀海洋戰略行動的一個重要項目，也是中美海事安全合作得以獲得突破性發展的關鍵原因。「911」事件後，為強化反恐力道，美國建構全球反恐戰略，與全球主要力量中心開展合作行動，封堵恐怖份子可能採用的途徑。美國除極力推動「貨櫃安全倡議」、「防擴散安全倡議」外，亦同步進行相關國際海事法令的修正，但這些都需要國際的支持，中共是美國爭取的主要中心力量之一[32]。

　　另一方面，朝向多元型態發展的美國海岸防衛隊，亦持續加強國際反恐合作，尤其在西太平洋地區。這包括與中國、俄羅斯、加拿大、日本、南韓等亞太國家，進行海上安全演習[33]。

建立分層安全防禦

　　將恐怖攻擊威脅於海上逐次消滅，避免直接進入美國本土，是美國的反恐目標。自「911」事件發生後，美國海事相關部門均發展各自安全戰略，以形成有效的分層安全防禦機制。

　　美國將分層防禦的部署，區分四個層次：基礎層次是物質保護（Physical protection）、其次是貨物物理性檢查（Physical Cargo inspection）；實質層次是制止足以危害美國本土或海上交通線的人員及物品（Interdiction of personal and materials）；而軍事及執法的反應（Military and law enforcement response）提供了第四層的防禦。

---

[32] 「有歧見的合作：現實主義下的『中』美關係」，中共年報（2005年版），（台北：中共研究雜誌社，2005年6月），頁131。

[33] Richard Halloran, "Coast Guard Ship Aids in Pacific Patrol".

　　其中海岸防衛隊及海軍的目標，便是擔任第四層，也是最外層的防衛任務。美國國防部在 2005 年所公布的《國土防禦與支援地方戰略（Strategy for Homeland Defense and Civil Support）》計畫，即實行一種積極的分層防禦戰略，迅速在遠處消滅對美國國土所形成的最大威脅，並以此大大提高美軍保護其國土安全的能力[34]。此外，海岸防衛隊加強國際反恐合作，亦具有強化外層防禦的功能。

三、反恐潮流下的美國海域行政執法機關

　　由於美國是聯邦制國家，所以海洋管理採取中央與地方分權管理的方式。美國海上航道安全涉及美國全國運輸安全委員會、海軍、海軍陸戰隊、海岸防衛隊、國土安全部等部門。美國很早即重視海洋安全及力量建設，在 1775 年美國獨立戰爭時，大陸會議就已經決定成立海軍陸戰隊。1790 年，國會授權組建了一個小型武裝快艇編隊，這就是現在的海岸防衛隊。其主要任務是保護作戰艦艇和港口、美國漁業生產、以及搶救失事船員等。1798 年美國成立海軍部。而面對非傳統安全威脅日增的二十一世紀國際局勢，美國在 2002 年成立國土安全部，以應付包括海上恐怖攻擊在內的長期反恐任務。

　　除美國海軍會支援相關巡邏工作外，目前美國專責的海域行政執法機關包括國土安全部及下屬的海岸防衛隊、商業部及下屬的國家海洋大氣管理局、其他還包括內政部、能源部、國防部及國務院

---

[34]　「美國防部調整防禦戰略 將實行積極分層國防戰略」，搜狐網（北京），2005 年 7 月 8 日，http://news.sohu.com/20050708/n226243619.shtml，2007 年 12 月 25 日下載。

等。統籌美國國家海洋政策的協調工作，則由總統辦公室海洋政策委員會負責。以下便針對和中共交流密切的美國重要海域行政執法機構進行介紹。

內閣層級的國土安全部
（Department of Homeland Security, DHS）

鑒於反恐任務的長期化，布希政府決心將國土安全保衛列入政府制度化的工作範疇，強化對美國境內的安全控管工作。2002 年 6 月 7 日，布希總統宣佈將 2001 年「911」恐怖事件發生六天後，所組建的白宮國土安全辦公室（The Office of Homeland Security），升格成「國土安全部」，美國海關、移民局、海岸防衛隊及相關情報部門的部分業務交由國土安全部統一指揮。並在 2002 年 7 月中旬正式發表國土安全戰略（National Strategy for Homeland Security）報告書，全面提出了從情報、電信、交通、災難控制到執法和領土安全等諸多方面的戰略性舉措。2002 年 11 月 5 日美國國會中期選舉後，《國土安全法案》順利通過，同年 11 月 25 日，布希總統簽署該法，為國土安全部的成立提供了法律保障。

國土安全部是在美國二十多個聯邦政府機構合併基礎上建立起來的，這也是聯邦政府自 1947 年以來對政府機構進行的規模最大的改組。其下屬重要機構包括有[35]：

---

[35] 石名昇，「美國國土安全部暨聯邦緊急災變管理署介紹」，消防月刊，2002 年 11 月。

◆ 邊境與運輸安全局
（Border and Transportation Security, BTS）

邊境與運輸安全局是國土安全部內最大的一個部門，由海關總署（原屬財政部）、聯邦執法訓練中心（原屬財政部）、國內戰備辦公室（原屬司法部）、移民歸化局的邊境安全部門（原屬司法部）、聯邦保護處（原屬總務管理局）、運輸安全局（原屬運輸部）、動植物衛生檢驗局（原屬農業部）等機構合併而成。

主要機構包括運輸安全管理處（Transportation Security Administration, TSA）、海關與邊境保護處（Customs and Border Protection, CBP）、移民和海關執法處(Immigration and Customs Enforcement, USICE)和聯邦執法訓練中心。其職責是負責維護國家邊境和交通運輸系統的安全，防止恐怖分子及有關武器進入美國；執行國家移民法律法規，保證人員和物質的有序流通。

◆ 緊急預警與反應局
（Emergency Preparedness and Response）

緊急預警與反應局由原聯邦緊急狀態管理局、國內危機支援小組（原屬司法部）、國內戰略辦公室（原屬司法部）、國家國內戰備辦公室（原屬聯邦調查局）、國家戰略貯備與全國災難醫療系統（原屬衛生與公共服務部）、核事故反應小組（原屬能源部）等有關機構合併而成。其職責是保證國家隨時準備好對付恐怖分子的襲擊和自然災難等緊急事件，並且能從這種緊急事件中恢復過來；監督與協調應對緊急事件的全國性計畫、訓練和準備工作。

◆　資訊分析與基礎設施保護局
（Information Analysis and Infrastructure Protection, IAIP）

資訊分析與基礎設施保護局由國家基礎設施保護中心（原屬聯邦調查局）、國家通信系統局（原屬國防部）、關鍵基礎設施保障辦公室（原屬商務部）、國家標準與技術協會安全分會、能源安全與保障計畫局（原屬能源部）、聯邦電腦事故反應中心（原屬總務管理局）等機構合併構成。

主要機構包括「國土安全行動中心」、「資訊分析處」和「基礎設施保護處」。其職責主要是負責綜合分析來自聯邦調查局、中央情報局、國防情報局、國家保密局等單位的涉及國土安全的情報和資訊；評估國家關鍵基礎設施對恐怖襲擊的應對能力和存在的缺陷；及時發佈威脅警報；提出建議，協調採取相應措施，保衛美國關鍵的基礎設施（如核電站、鐵路、公路以及海港）的安全。

◆　科學技術局（Science and Technology）

科學技術局由核生化及輻射對抗計畫局（原屬能源部）、環境措施實驗室（原屬能源部）、國家生化武器防護分析中心（原屬國防部）、普拉姆島動物疾病中心（原屬農業部）等機構合併而成。

主要機構包括「國家實驗室辦公室」、「國土安全實驗室」和「國土安全尖端研究計畫處」。其職責是統籌協調與國土安全相關的技術研究與開發，包括對恐怖分子大規模殺傷性武器威脅的預防和反應；利用各種先進科技手段保障國土安全。

◆　管理局（Management）

管理局主要職責是負責預算撥款、財務管理、人力資源及人事管理，設施保障、設備與技術系統採購和維護。

◆　直屬機構

除後續將介紹的海岸防衛隊外，其他直屬機構包括從財政部併入的特勤局，負責保護總統等國家領導人及全國性重大活動的安全保衛，打擊製造假幣及信用卡欺詐的活動；原移民歸化局基礎上組建公民與移民服務局，職責是在保證美國免遭恐怖分子、非法入境及非法居住分子侵擾的情況下，繼續確保新移民、遊客、難民等正常進入美國；以及私營部門聯絡處、州及地方政府協調辦公室、首都地區協調辦公室、公民權利和自由辦公室、反毒品辦公室。

國土安全部直屬的海岸防衛隊（Coast Guard）

美國海岸防衛隊是世界各國海岸防衛隊的鼻祖，前身是緝私船隊，成立於 1915 年，並曾扮演過海軍的角色。自「911」事件之後，海岸防衛隊重新調整任務，並將保護美國海上運輸和水路安全，免受恐怖襲擊做為首要工作。2003 年 3 月，就在美國發動對伊戰爭的時候，布希政府將海岸防衛隊從運輸部劃到了新成立的國土安全部，更加明確了海岸防衛隊的職責範圍。

堪稱為海上綜合執法機構的海岸防衛隊，是美國五大武裝力量之一。其職能涵蓋目前中共海軍、公安邊防武警、海監、海事、漁政、海關、環境保護等單位的部分業務。海岸防衛隊平時歸國土安全部長管轄，擔任美國海上交通安全的第一道防線，負責美國內河水道、港口、領海、專屬經濟區及其他重要海區的安全。戰時將由國防部長指揮，根據需要參與軍事行動。美國在攻打伊拉克期間，海岸防衛隊即派遣 1,250 人參戰。此係自越戰後，海岸防衛隊最大

規模的軍事佈署，其小型武裝快艇主要是保護海軍艦艇和波灣地區的伊拉克輸油設施，以及為運輸人道主義援助物資提供護航[36]。

美國海岸防衛隊擁有約四萬名現役人員，設有大西洋、太平洋兩個大區，並分設九個海岸警衛區，擁有兩百艘左右長度在 65 英尺以上的中、大型艦船，以及約一千四百艘機動救生艇、航標巡檢船等類型的小型艦艇。此外，它還配備有 HC-130H、HH-60J、HH-65等，總數超過兩百架的固定翼飛機與直升機。

由於海岸防衛隊與海軍因勤務實施地點之重疊，其任務亦有重疊之處，因此美國認為有必要將兩機關朝向「國家艦隊」策略來發展。另外，為因應美國本土所發生之「911」事件，海岸防衛隊依據2002 至 2003 年會計年度的分析發現，人員增加 9%（其中變動最大者為士兵），預算增加 32%。而勤務實施方式中，將原來散在各項任務之國土保安（警備）勤務，重新設計並研發了一種新的勤務佈署方式，該勤務名稱為 PWCS（Ports, Waterway, and Coastal Security Program），延伸警戒海域範圍[37]。

這個警戒海域範圍亦包括北極。2007 年 10 月 25 日，海岸防衛隊一架 WC-130 氣象觀測機，從阿拉斯加最北端的巴羅鎮起飛，前往北極點進行考察，其目的是在為北極軍事基地的建設做準備[38]。

---

[36] 魏宗雷，「美國的海上通道安全戰略」，中國現代國際關係研究院海上通道安全課題組，海上通道安全與國際合作（北京：時事出版社，2005 年 1 月），頁 289。

[37] 吳東明主持，借鏡美日韓各國、探討我國海巡署發展策略之研究（正式報告），頁 VI。

[38] 「美海岸警衛隊進逼北極為建軍事基地作準備」，新華網（北京），2007 年 10 月 29 日，http://military.china.com/zh_cn/news2/569/20071029/14426749.html，2007 年 11 月 8 日下載。

美國海岸防衛隊的實力，實非僅能在近岸巡邏的中共海洋執法力量所能匹敵的。

表 9　美國海岸防衛隊組織發展歷程表

日期	發展過程
1789 年 8 月 7 日	於財政部之下設立美國燈塔行政部門
1790 年 8 月 4 日	美國國會於財政部下設立美國燈塔行政部門
1838 年 7 月 7 日	於司法部下設立輪船檢查局
1852 年 8 月 30 日	輪船檢查局改隸於財政部之下
1878 年 6 月 18 日	於財政部之下設立美國海上救生隊
1884 年 7 月 5 日	於財政部之下設立航務局
1903 年 2 月 14 日	財政部航務局及輪船檢查局改隸於新成立之商業及勞工部
1915 年 1 月 28 日	財政部海上救生隊及緝私船隊合併為海岸防衛隊
1917 年 4 月 6 日	財政部海岸防衛隊改隸於海軍部門之下
1919 年 8 月 28 日	海岸防衛隊回復隸屬於財政部之下
1932 年 6 月 30 日	輪船檢查局及航務局合併為航務及輪船檢查局，此新單位依然隸屬於商業部之下
1939 年 7 月 1 日	財政部燈塔局轉變為海岸防衛隊的一部份
1947 年 11 月 1 日	海岸防衛隊改隸於海軍部門之下
1942 年 2 月 28 日	海事檢查局（由航務及輪船檢查局合併）轉變為海岸防衛隊的一部份，隸屬於海軍部門之下
1946 年 1 月 1 日	海岸防衛隊改隸於財政部之下
1946 年 7 月 16 日	海事檢查局廢止，並轉變為財政部海岸防衛隊永久的一部份
1967 年 4 月 1 日	財政部海岸防衛隊改隸於新成立的運輸部之下
2003 年 3 月 1 日	運輸部海岸防衛隊改隸於新成立的國土安全部之下

資料來源：吳東明主持，「借鏡美日韓各國、探討我國海巡署發展策略之研究（正式報告）」，行政院海岸巡防署委託研究，2004 年 12 月，頁 12。

國家海洋大氣管理局

（National Oceanic and Atmospheric Administration, NOAA）

美國國家海洋大氣管理局於 1970 年 10 月 3 日由尼克森總統建議，將原有的三個政府部門「美國海岸測量局」（1807 年成立）、「氣象局」（1870 年成立）和「漁業管理局」（1871 年成立）收編成立的，並劃歸商業部管轄。目前下轄有國家氣象局、國家海洋局、國家海洋漁業局、國家環境衛星數據及資訊服務中心、研究中心、計劃和綜合司等六個部門。

國家海洋大氣管理局，是美國國家級的氣象業務主管機構，主要關注全球的大氣和海洋變化、提供對災害天氣的預警、編製海圖和航圖、管理對海洋和沿海資源的利用和保護、研究如何改善對環境的瞭解和防護。

由於海洋大氣多屬於民間服務性質，軍事敏感程度較低。故對於中美海事安全交流來說，美國國家海洋大氣管理局也未曾缺席。

四、目前發展重點

為強化新世紀維護海事安全的能力，美國的海岸防衛隊及海軍，各有其發展重點。

海岸防衛隊的深水計畫（Deepwater program）

面對二十一世紀嚴峻的海洋安全挑戰，使得擔負保護海上人命、財產安全及維護國家海上利益的美國海岸防衛隊，面臨第一線防衛裝備老舊的窘境。所以自 2002 年起，由美國軍火工業的兩大巨

頭——洛克希德・馬丁公司（Lockheed Martin Corp）及諾斯羅普・格魯曼公司（Northrop Grumman）——開始推動「整合性深水系統（Integrated Deepwater System, IDS）」計劃。這項計畫除更新現有海洋執法裝備外，亦整合海岸防衛隊所有資料，以協助海洋執法勤務的規劃與佈署，並提升海岸防衛隊 C^4ISR 之指管通情能力。

　　「深水計畫」規劃期程為二十五年，總預算為 240 億美金，內容包括建造「國安（National security）」級海巡艦、近海巡邏艦、高速巡緝艇等三種型式，共九十一艘的新型海巡船；另亦建造新型海域巡邏機、MH-65C 型多功能艦載直昇機等，共一百九十五架海巡飛機。並採購具垂直起降功能的無人飛行載具[39]。這些機、艦裝備，將以先進的 C^4ISR 系統構聯，並架構在整合的後勤支援體系下[40]。

　　根據計畫，在海上平台方面，美國海岸防衛隊打算新建三種艦艇，除「國安」級海巡艦以外[41]，還包括排水量在 3,700 噸左右的近

---

[39] COAST GUARD ANNOUNCES NEW CONTRACT FOR INTEGRATED DEEPWATER SYSTEM PROGRAM, *Office of Public Affairs　U.S. Coast Guard*, 25 June, 2007 , http://www.piersystem.com/go/doc/786/162067, accessed 2007/12/10.

[40] 許啟業，「美國海岸防衛隊深水計畫與執行概況」，海巡雙月刊，28 期（2007年 8 月）。

[41] 美國海岸警衛隊原主力艦「漢密爾頓」級執法船的首艦早在 1967 年就已建成服役，所以在一些專家眼中，它似乎很難再繼續緊跟美國海岸警衛隊日益發展的任務需求了。在此背景下，用來接替「漢密爾頓」級執法船的「國安」級海巡艦計畫就問世了，按照計畫，該型艦艇滿載排水量達到 4300 噸，比「漢密爾頓」級執法船大了 1000 噸左右，船尾設有充氣艇發送與回收區域，飛行甲板上可搭載有人或無人駕駛旋轉翼飛機。其動力裝置採用了柴油發動機和燃氣輪機混合推進，最高航速約 28 節，續航力 12000 浬，海上自持力 60 天。

岸巡邏艇（OPC）以及快速反應艇（FRC）[42]。在航空平台方面，美國海岸防衛隊選中由歐洲航空防務及航太公司所生產的 CN-235-300 飛機，該機將被安裝上 APS-143（Ｖ）3 監視雷達，成為一架中程監視海上巡邏飛機（MRSMPA），以用來執行巡邏、搜索救援等任務。除此之外，美國海岸防衛隊還計畫購買垂直起降型「鷹眼」傾斜旋翼無人機與「全球鷹」固定翼無人機。「鷹眼」無人機飛行高度約 6,100 公尺，續航時間五小時，最高飛行速度超過 200 節，而「全球鷹」固定翼無人機能在 20,000 多公尺的高空飛行，連續飛行時間超過三十小時，安裝紅外和雷達感測器後，「全球鷹」可監視 60 公里範圍內的目標。

　　「深水計畫」第一艘改良的「島」級馬塔哥塔島（Matagorda）號海巡艦，已經於 2004 年 3 月 1 日交船。但可惜整個計劃因監理制度欠周延，所以問題叢生。姑且不論能不能發揮原來預期功能，「深水計畫」所勾勒的海岸防衛隊 C⁴ISR 整體能力提升，卻是目前中共海洋執法機構大量造艦下，所欠缺的。

海軍的廣域海上監視系統
（Broad Area Maritime Surveillance, BAMS）

　　一樣的更新計畫也出現在海軍。尤其是擁有大批服役已久的 P-3 海上巡邏機的太平洋艦隊。

---

[42] 快速反應艇（FRC）艇長 42 公尺，寬約 9 公尺，滿載排水量約 330 噸，動力裝置為 4 台柴油機，最大航速超過 31 節，航程約 4000 浬，海上自持力 7 天，在其尾部還可回收或布放長約 7 公尺的短程攔截艇。

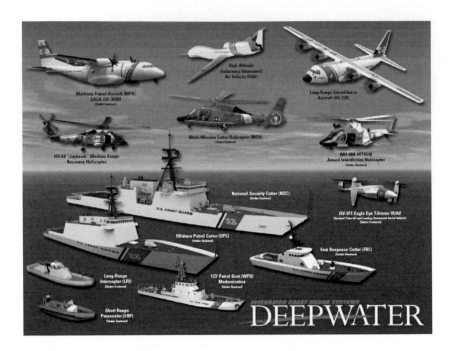

資料來源：中華網（北京）

圖 14　深水計畫架構圖

　　據美國海軍評估，到 2015 年左右，亞太地區－尤其是西太平洋
海域，將聚集全球 40%的常規潛艇[43]。而這些潛艇的存在，將會威
脅美國海上交通線及軍事活動的安全。所以目前美國海軍部署大批
的 P-3 海上巡邏機在太平洋艦隊，以監視西太平洋的水下，乃至水
面以上機、艦的活動。但由於 P-3 反潛巡邏機平均壽命已達二十七

---

[43] 張立華，「美國精製反潛機監視亞太」，大公報（香港），2007 年 8 月 2 日，
http://www.takungpao.com:10000/gate/gb/www.takungpao.com:82/news/07/08/0
2/LTB-774324.htm，2007 年 11 月 8 日下載。

年，有的甚至有四十年的歷史。隨著報廢和退役，美國海軍巡邏偵察大隊到 2010 年將僅能維持一百五十架 P-3 反潛巡邏機的規模，到 2012 年更只剩二十三架。所以美國便提出 P-8「海神」多工海上飛機（MMA），以取代已經接近使用壽限的 P-3 海上反潛巡邏機隊。這一計畫稱為「廣域海上監視系統（Broad Area Maritime Surveillance, BAMS）」，預計於 2013 年形成戰力[44]。

　　「廣域海上監視系統」的任務，包括海上監偵、敵情搜集、戰損評估、港口監視、通信中繼，並支援海上封鎖、水面作戰、空間情報管理等。新的 P-8「海神」機是一種全新的反潛模式，統合有人機與無人機技術，以 P-8 為核心，多架無人機擔任遠端監視、偵察、情報平台的耳目和觸角，在一個半徑為 2,000 浬的圓周範圍內，構建一個網路化反潛作戰系統。

　　「廣域海上監視系統」係歸美國海軍空中系統司令部的海軍和海軍陸戰隊無人機系統計畫（PMA-263）管理[45]。該系統完成佈署後，將提供美國海軍艦隊持續的海上情報、監視和偵察資料搜集與分發能力，強化海上作戰艦隊的 C^4ISR 之指管通情能力。

　　但由於西太平洋地區是美國戰略部署的重點區域，其中還包括積極擴大近海防禦戰略縱深，以尋求突破第二島鏈的解放軍海軍部隊。所以實際上，「廣域海上監視系統」在很大程度上就是為滿足美

---

[44] 「美先進反潛機將部署亞太 20 分鐘可抵達台海」，國際線上——世界新聞報（北京），2007 年 12 月 23 日，http://military.china.com/zh_cn/important/11052771/20071223/14569777.html，2007 年 12 月 25 日下載。

[45] 「美國海軍 BAMS 無人機正在選擇中」，國防科學技術工業委員會網站（北京），2007 年 5 月 23 日，http://stxx.costind.gov.cn/n435777/n435943/n435947/n435992/101218.html，2007 年 10 月 15 日下載。

資料來源：中華網（北京）

圖 15　P-8「海神」多工海上飛機想像圖

國海軍監視亞太軍事動態需要而研製的。是否還包括中共海軍機艦
動態，不言而喻。

第三節　部分對華海事交流合作的需求

　　「911」事件後，海上恐怖主義和海盜等武力襲擊事件成為海事
安全的主要威脅。阻止大規模殺傷性武器擴散到流氓國家或恐怖份
子集團，是美國當前的重要戰略目標[46]，尤其是透過海上交通線。

---

[46] "The National security strategy 2006", p12.

　　所以美國認為強化國際合作，可以有效達成這個目標，並相繼提出「貨櫃安全倡議」、「防擴散安全倡議」和「千艦海軍」計劃等國際海事安全交流合作需求。

　　此外，在攻打伊拉克之後，美國的反恐焦點，逐漸由中東地區移向亞洲，包括先前一直不願配合的北韓。所以此地區的另一個崛起大國－中國，便是美國尋求合作的主要國家。綜整「911」事件後，美國對於反恐需求的急切，可反應在相關國際海事安全法令修正等，多項需要國際支持的重要海事安全倡議與計畫，其中下列三項更需要中國的鼎力相助。

一、貨櫃安全倡議（Container Security Initiative, CSI）

　　美國國上安全部是美國聯邦應急計畫的中樞，是一個由多個部門自主運作和聯動的預防危機系統，而「貨櫃安全倡議」是其中一項重要的系統。

　　「貨櫃安全倡議」是美國全球反恐戰略佈署的重要組成部分，目的在於防止恐怖分子利用海運貨櫃藏匿大規模殺傷武器襲擊美國。2002 年 1 月 17 日，美國海關與邊境保護局長邦納（Robert C. Bonner）在美國戰略和國際研究中心發表演講時首次提出這一倡議。主要原則是，把偵測貨物安全風險和查驗的環節，向前部署到海運貨櫃的出口港和裝運港，使美國的邊境或港口，由第一道防線退居到最後一道防線。

　　當外國海關加入這一計畫後，必須允許美國海關派員到該國港口。美國派駐人員負責對該港口輸美貨櫃，在發運之前進行預先偵測，並確定高風險目標，要求出口國海關進行查驗。為全面實施貨

櫃安全倡議，美國海關計畫先從對美國出口海運貨櫃前二十大外國港口著手進行試點[47]。包括我國及中國在內，目前至少有加拿大、新加坡、荷蘭、比利時、法國、德國、馬來西亞等二十個國家的三十七個港口已經同意加入「貨櫃安全倡議」系統。

　　為確保貨櫃安全倡議的有效實施，美國也採取一系列相關的配套措施，其中重要的，包括取得國際海事組織（IMO）的支援與配合，著手建立相關管理制度和國際標準。所以為支援美國「貨櫃安全倡議」，國際海事組織已提出一項在世界海關組織（WCO）的協助下，研究建立裝運港貨櫃檢查機制的建議，並已通報國際海事組織各成員國審議。此外，國際海事組織正著手研究建立對所有超過5,000 噸位船舶的「船舶自動識別系統」，並會同國際勞工組織，制訂新的海員身份證件。國際海事組織並協助國際主要海運公司，建立與美國海關的安全夥伴關係。

　　2002 年 6 月 27～29 日世界海關組織召開的理事會年會，已通過《海關合作理事會關於國際貿易供應鏈安全與便利的決議（簡稱SCS）》，並正在制定實施該決議的具體行動計畫[48]。「貨櫃安全倡議」是雙邊協議，SCS 則是世界海關組織框架下的多邊協議。SCS 的通過，預告世界海關組織將加快制定報關基本資料元國際標準和海關與商界夥伴關係等國際規範的進程，以便為「貨櫃安全倡議」和 SCS的有效實施，奠定基礎和提供保障。

---

[47] 輸美前二十大海運貨櫃港口依次是：香港、上海、新加坡、高雄、鹿特丹、南韓釜山、德國不萊梅港、日本東京、義大利熱那亞、鹽田港、比利時安特衛普、日本名古屋、法國勒阿弗爾、德國漢堡、義大利斯塔西亞、英國菲力克斯托、西班牙阿爾赫西拉斯、日本神戶、日本橫濱、泰國拉加班。

[48] 「美國集裝箱安全倡議」，中共海關資訊網（北京），http://www.china-customs.com/big5/customs/data/4660.htm，2007 年 10 月 15 日下載。

美國所提出的「貨櫃安全倡議」，當然也需要中共的鼎力相持。所以在 2002 年 5 月，美國便提出希望中共加入「貨櫃安全倡議」合作的要求。2003 年 1 月，中共海關總署副署長盛光祖率代表團專程赴美，雙方就中美「貨櫃安全倡議」合作「原則聲明」及其附件的內容達成共識，並於同年 3 月，在上海啟動中美「貨櫃安全倡議」合作，4 月中旬舉行上海「貨櫃安全倡議」啟動實施的慶祝儀式，5 月在深圳開始實施「貨櫃安全倡議」[49]。

相較於以對等為原則，且爭議較少的「貨櫃安全倡議」，中共對於「防擴散安全倡議」則顯得興趣缺缺。

二、防擴散安全倡議（Proliferation Security Initiative, PSI）

「911」事件後，美國建構新世紀全球反恐戰略，對亞太安全形勢帶來很大的衝擊。由於擔心恐怖份子利用海運貨櫃向美國輸送大規模殺傷武器，美國積極推動與相關國家在海事安全領域的合作[50]。除了「貨櫃安全倡議」外，「防擴散安全倡議」是另一項重要舉措。

2002 年美國攻打伊拉克前，西班牙依據美國情報，攔截到一艘載滿北韓船員和北韓製飛毛腿飛彈的柬埔寨籍船隻，正要運往葉門。不過由於該飛彈射程並未超過 150 公里、故未違反相關國際法規定，加上葉門、北韓、柬埔寨均非「飛彈技術管制機制」（Missile Technology Control Regime, MTCR）之會員，因此無法扣押該船，

---

[49] 「中美簽集裝箱安全倡議　美方將在滬深駐海關人員」，中國新聞網（北京），2003 年 7 月 29 日，http://www.chinanews.com.cn/n/2003-07-29/26/329533.html，2007 年 10 月 15 日下載。

[50] 孫渤，「中美海事安全合作」，頁 382。

只好眼睜睜為之放行。布希政府對此感到相當挫折，並認為既然難以修改現存國際法規，便主張協調各國國內法的運作方式，讓各國主動加強對大規模毀滅性武器擴散的防堵。

2003 年 5 月 31 日，美國小布希總統於波蘭的演講中，首次提出「防擴散安全倡議」。2003 年 6 月 4 日，美國副國務欽博爾頓，在眾議院國際關係委員會作證中，進一步闡述該倡議。「防擴散安全倡議」並非是一個組織，而是一項行動，其宗旨在於攔截並阻斷大規模毀滅性武器、生產設備、軍民兩用製品及化學原物料的流通。最初參與國家包括澳大利亞、法國、德國、義大利、日本、荷蘭、波蘭、葡萄牙、西班牙、英國和美國。這些參與國透過「防擴散安全倡議」，結成伙伴關係，利用法律、外交、經濟、軍事等諸多手段，來禁止大規模殺傷性武器和飛彈，以及相關的設備與技術，通過海、陸、空管道，進出有擴散嫌疑的國家。一旦可疑船隻進入參與國的有效管轄範圍，將會被拘留與搜查。

「防擴散安全倡議」一提出，就引發爭議，其中質疑最多的是由此所引起的國際法問題。根據國際法，在獲得船隻所懸掛國旗的國家批准、或者該船只屬於無國籍、海盜運送奴隸、載運非法毒品船隻的情況下，有關國家才可以在公海攔截和登上該船隻檢查。儘管如此，在公海上實施攔截、檢查、沒收，仍然要碰到一些非常棘手的國際法問題[51]。避免因「正當性」與「有效性」不足，影響與其他國家關係，也是中國遲遲不願意加入「防擴散安全倡議」的原因之一。

---

[51] 吳興佐，「大規模武器擴散與海上通道安全」，中國現代國際關係研究院海上通道安全課題組，海上通道安全與國際合作（北京：時事出版社，2005 年 1 月），頁 161-162。

同樣讓中國興趣缺缺的，不止「防擴散安全倡議」這一項，還有美國海軍所提出的「千艦海軍」計畫。

三、海軍千艦海軍計劃（Thousand-Ship Navy）

「千艦海軍」的構想，是由美國海軍作戰部長馬倫（Michael Mullen）上將，在2006年布希總統前往五角大樓視察時所提出。所謂的「千艦海軍」，並不是傳統意義上的由一千艘掛著同樣旗幟的戰艦組成的艦隊，也不是美國海軍要再建一千艘戰艦。其真正的含義是要聯合世界上所有海上的力量，一起應對各種海上威脅，實質上就是與外國海軍結成親密伙伴關係，形成一個國際海上聯盟。馬倫的「千艦海軍」構想，最早是在2005年8月美國海軍戰爭學院（US Naval War Collcge）的一次演講中所提出，目標是在自願的基礎上，建立一個由海軍、航運業及執法部門聯合組成的跨國聯合艦隊，以應對海上危機和緊急情況。

美軍的「千艦海軍」計劃，未來在具體運作上，仍會有其選擇的重點。而這一重點在2006年初，所公布、規劃美軍未來二十年建設的《四年防務評估報告》中已經展現的很清楚。該報告指出，要加強美軍在亞太地區的海上作戰力量，要求約六成的潛艇部署在太平洋，確保十一艘航母中的至少六艘能夠隨時在太平洋地區作戰[52]。這一地區將會是美海軍在推行「千艦海軍」構想時重點考慮的地區。因為太平洋地區既有美國海軍認為需要重點關注的國家——中國和俄羅

---

[52] US. Department of Defense, *Quadrennial Defense Review Report*(Washington, D.C.: Department of Defense, 2006).

斯，也有麻六甲海峽這樣對美戰略利益至關重要的海上航道。2007年5月，美國海軍在日本沖繩島進行為期七天的反恐演習，參演國家包括文萊、印尼、馬來西亞、菲律賓和泰國等國的海上力量，其主要目的就是展示馬倫的「千艦海軍」的理念。據稱，這幾個國家均是美國海軍在推行「千艦海軍」時優先考慮的對象。當然中國也在其列。

　　2007年4月初，中共海軍司令員吳勝利訪美，最為引人注目的話題就是美國邀請中國加入「千艦海軍」計劃。雖然吳勝利對美國所提出此一計畫非常感興趣，並要求美方提供更多資訊，以便進一步瞭解該計畫[53]。但從目前中共對此計劃仍採觀望態度看來，或許這只是推託之辭。除因為該計畫軍方背景過於敏感外；另若一旦中共同意加入該計劃，就必須與美國簽署許多協議，其中包括港口準入協議、基地使用協議、後勤支援協定等。這樣，就很難消彌可能將中國納入一個由美國主導的情報體系之疑慮了。

　　只是殊不知，在全球反恐合作潮流下，美國海岸防衛隊所牽頭進行的亞太各國海上安全演習，已經隱含「千艦海軍」的影子。

第四節　小結

與能共舞的蒼鷹

　　美國這隻蒼鷹，孤傲的飛翔在天際，但為了新世紀的反恐任務，卻不得不與中國這條巨龍共舞。

53　「中國海軍司令訪美受邀加入全球海上安全行動」，新華網（北京），2007年4月7日，http://military.china.com/zh_cn/news/568/20070407/14031090.html，2007年4月9日下載。

　　1990 年代，蘇聯瓦解後，美國與中共失去了當年建交時的一個重要的共同目標－遏制蘇聯的擴張。當時成為世界獨強的美國，願意與中共繼續進行軍事交流的目的，在於藉由接觸，以了解這個在西太平洋地區仍具有舉足輕重角色的解放軍。而同一時期的海事安全交流，則維持建交後的穩定發展。

　　2001 年的「911」事件，賓拉登（Osama bin Laden）在無意間助了中共一臂之力，讓孤傲的美國，鬆開緊握的雙手，與中共擴展各層次的交流。

　　為達成新世紀反恐的戰略目標，除對內進行組織改革外，美國把國際合作擺在第一位。所以美國希望在聯合國安理會中具有決定性因素的中國，也能支持其新的海事安全作為。這包括「貨櫃安全倡議」、「防擴散安全倡議」、「千艦海軍」計劃，及反恐相關國際法令的修正案等。然在當前「防擴散安全倡議」、「千艦海軍」計劃進展受阻的情況下，美國海岸防衛隊已成為推動中美兩國建立海上合作關係的先鋒。

　　目前中共雖同意配合美國的貨櫃安全倡議，但不代表美國是最大的受益者。反而因為美國的有求於人，讓中國有了施力點，以推進中美兩國的海事安全乃至軍事交流。

第四章　中美海事安全及軍事交流

　　自 1979 年建交迄今，中美的軍事交流反應出兩國關係的震盪起伏，其中歷經 1989 年中共六四天安門事件、2001 年美國「911」恐怖攻擊事件，二個重大的起伏點，使得中美軍事交流呈現仿若股市震盪起伏的現象，而形成三個各具特色的發展時期。

　　而在每個軍事交流發展時期中，其伴隨的中美海事安全交流，雖不若軍事交流引人注目，卻深深的牽動著兩國軍事交流走向。

第一節　建交十年間海事安全交流與軍事交流發展

　　冷戰時期，美國為了遏制前蘇聯的擴張與威脅，於 1979 年與中共正式建交。中美的軍事交流，也在美國「聯中制蘇」的戰略需求下，迅速開展。連帶中美的海事安全交流與合作，也積極進行當中。

一、一路長紅的軍事交流

　　中共與美國的高層軍事交流始於 1980 年，當時為因應前蘇聯入侵阿富汗，中美展開第一次的軍事高層接觸。隨著當時美國國防部

長布朗（Harold Brown）於 1980 年 1 月 5 日訪問北京，中美兩國開始針對蘇聯軍事威脅進行軍事領域的合作[1]。

1983 年 9 月 25 日，美國國防部長溫伯格（Caspar Weinberger）前往中國大陸訪問，其目的主要除了出售雙重用途的科技外，還包括討論中美的軍事合作[2]。所以這是中美軍事交流制度化一個重要的關鍵點，也加速了雙方軍事交流的建構過程。中美兩國均展現出推動雙邊戰略關係的意願與需要。在這段時期中，除兩國高層頻密的互訪外，美國更逐步放寬對中共的軍售限制，並進行部分科技轉移，其中最重要的包括美國協助解放軍提升空軍「殲 8 II」型機性能之「和平珍珠（Project peace pearl）」計畫[3]、出售 S-70「黑鷹」直升機、「旅滬」級驅逐艦使用之 LM2500 燃氣渦輪主機等。

而中共在此時期，除期盼藉助美國的力量來抗衡蘇聯外，1982 年所實行的獨立自主外交政策，更讓中共希望能在美、蘇兩強對抗的恐怖平衡中，謀取最大的國家利益。由於中共當時的武器政策仍以自己製造為主，加上美國軍售中共主要目的僅是強化中共陸軍，

---

[1] 蔡明彥，「論美中恢復高層軍事交流」，中央日報，2002 年 11 月 6 日，電子檔見 www.cdn.com.tw/daily/2002/11/06/text/911106c6.htm，2007 年 5 月 12 日下載。

[2] 葉伯棠，「中共與美國關係的演變——兼評溫伯格訪平與吳學謙訪美」，問題與研究，第 23 卷第 2 期（1983 年 11 月），頁 9-10。

[3] 80 年代中期，中共將 2 架殲 8 II 型 01 批次的戰鬥機，送到美國的格魯曼（Grumman）公司，以更新及安裝用於 F-16 型戰鬥機上的 AN/APG-66 脈衝多普勒雷達與航電系統。不料，1989 年天安門事件之後，美國對中共進行武器禁運，導致「和平珍珠」計畫中途停止，已經進行改裝的 2 架殲 8 II 工程樣機被暫時扣留在美國。在中共不斷交涉下，美國於 1994 年將兩架樣機交還中共。但在交還之前，美國刻意讓日本、台灣等軍事專家參觀被拆借的殲 8 II 工程樣機，讓中共十分憤怒。見「殲十戰機：中國空軍拔出的一把利劍」，中華網（北京），2007 年 3 月 26 日，http://military.china.com/zh_cn/dljl/j10/bbs/11045969/20070326/14007550_4.html，2007 年 5 月 20 日下載。

以抵禦蘇聯的威脅。所以雙方軍事交流僅偏重於協助解放軍軍事訓練與後保障等方面[4]，但此也為中美日後的軍事人員交流奠下基礎。

這段時期，美國與中共不僅持續加強高階對話交流，以鞏固當時低層的戰略關係，更加強中階軍事技術人員與代表團的派遣，以強化諮商談判的管道，只是後者依賴著中共與美國所進行軍事技術合作的意願及範圍而定[5]。

所以截至 1989 年天安門事件，美國與中共撕破臉之前的這段建交蜜月期，兩國的軍事關係可以說是「一路長紅」。

二、奠定基礎的海事安全交流

隨著此時期軍事交流的快速發展，兩國海事安全交流也不惶多讓。中美建交十年間的海事安全交流，主要展現在「海軍合作」、「港口及海上交通線安全」、「海洋科學研究」、「海洋資源與環境保護」等層面[6]。

海軍與海關的初次互訪與接觸

此時期的「海軍合作」，主要於中美兩國海軍的首次接觸和互訪。這包括 1984 年 8 月海軍部長萊曼（John Lehman）訪華、1985

---

[4] 葉伯棠，「中共與美國關係的演變－兼評溫伯格訪平與吳學謙訪美」，頁 9-11。

[5] 劉振安，「美國與中共的軍事交流之研究：國家利益之觀點」，頁 58。

[6] 依據「區域海事合作綱領」中所提及之海事合作模式，並回溯美國與中共的海事安全交流史，兩國在建交後，便自「海洋科學研究」、「海洋資源與環境保護」、「港口及海上交通線安全」、「海軍合作」等領域，逐步建立合作基礎。其中「海軍合作」可以歸納為「綜合性安全」的軍事層面合作，這方面交流更擴及到日後兩軍的交流合作。

年 11 月劉華清訪美、1986 年 11 月美國第七艦隊三艘軍艦訪問青島港、1989 年 4 月中共海軍訓練艦「鄭和」號訪問珍珠港。

　　另一方面，中美兩國在港口及海上交通線安全的交流合作，亦相似於「海軍合作」，主要展現在兩國海關局 1979 年、1985 年的高階官員首次互訪。

　　相較於前述兩個中美海事安全交流層面外，兩國在「海洋科學研究」、「海洋資源與環境保護」的合作開展，則顯得更有成果。

紮根的海洋科學研究合作

　　《中美科學技術合作協定》為迄今為止的中美海洋科技交流，紮下穩固的根基。

◆　中美科學技術合作協定

　　1979 年 1 月 31 日，鄧小平在訪美期間，與美國總統卡特（Jimmy Carter）簽署了《中美科學技術合作協定（U.S.-China Agreement on Cooperation in Science and Technology）》。自此，兩國的科研人員在漁業技術、地球與大氣科學、能源技術、地質學，以及救災等包括海洋科學在內的科技領域，進行正式合作[7]。該合作協定每五年續簽一次，2006 年 4 月，中共國家主席胡錦濤訪美期間，再次續簽該協定。透過該協定規劃下的交流與合作，兩國在海洋科學研究領域建立廣泛的合作基礎，並分享許多重要的科學資料。

---

[7]　「中美科技交流與合作」，新華網（北京），2002 年 1 月 28 日，電子檔見 http://news.xinhuanet.com/ziliao/2002-01/28/content_257226.htm，2007 年 10 月 12 日下載。

根據《中美科學技術合作協定》，中美兩國政府成立「中美科技合作聯委會」，每兩年由彼此輪流召開會議，以商談兩國科技合作事宜[8]。此外，美國聯邦政府部門亦可透過談判，與中共政府機構簽訂具體的議定書、諒解備忘錄及其他相關的協議。因此，目前美國與中共已有超過三十份以上的議定書和六十份以上的附屬協定，正在執行中[9]。

◆　中美海洋和漁業科技議定書

1979 年 5 月 8 日在北京簽署的《中美海洋和漁業科技議定書（U.S.-China Protocol on Marine and Fishery Science and Technology）》，是前項科學技術合作協定框架下的議定書之一，也是中共改革開放後最早簽定的一個政府間海洋科學技術合作議訂書[10]。根據該議定書，中美兩國政府可以在海洋資源、漁業技術、極地科學等領域進行合作。

「中美長江口海洋沉積作用過程合作研究」則是《中美海洋和漁業科技議定書》第一個執行的專案，也是中美兩國建交後實施的第一次大規模海洋合作調查與研究。中共由國家海洋局總管，國家海洋局第二海洋研究所和國家海洋局東海分局負責執行，中國科學院、地質礦產部、教育部、交通部、國家海洋局所屬十八個研究所，

---

[8]　「中美科合作聯委會第 12 次會議在京召開」，中華人民共和國科學技術部網站（北京），2006 年 10 月 20 日，http://www.most.gov.cn/tpxw/200610/t20061025_36995.htm，2007 年 12 月 10 日下載。

[9]　「中美兩國具有長期科技合作史」，美國參考（北京），2005 年 4 月 15 日，電子檔見 http://usinfo.state.gov/mgck/Archive/2005/Nov/21-807132.html，2007 年 10 月 12 日下載。

[10]　「美海岸警備隊司令訪國家海洋局探討海上執法合作」，中新網（北京）。

以及大學和生產單位共同參加。中共並派遣實踐號、向陽紅 07 號、向陽紅 09 號、曙光 06 號、曙光 07 號，和地質礦產部的奮鬥 1 號調查船參與；美國則由國家海洋大氣管理局負責，以伍茲霍爾海洋研究所（Woods Hole Oceanographic Institution, WHOI）為主的十五個大學和研究所共同參加。美國亦派遣海洋學家號調查船參與。自 1980 年 6 月開始進行海上調查，至 1983 年 4 月在杭州召開國際學術會議交流調查研究成果為止，歷經四個航次，為時三年。

「中美長江口海洋沉積作用過程合作研究」是在中共改革開放後，首先對外進行的一個雙邊合作專案。《中美海洋和漁業科技議定書》的簽訂，使長期以來處於封閉狀態下的中共海洋科技界，得以對外進行合作，汲取國外技術經驗[11]。

萌芽的海洋資源合作

中美在此時期的海洋資源合作，則是處於萌芽階段。同樣是 1979 年 5 月 8 日，中美簽署的另一項雙邊協定是由美國國家氣象局負責的《美中大氣科學技術合作議定書（U.S.-China Protocol for Cooperation in Atmospheric Science and Technology）》[12]。除此之外，中美海岸帶管理合作及海洋資料與情報合作，也分別於 1984 年及 1985 年陸續展開。

這些看似一般的海洋資源合作，卻扮演著日後長期穩定中美軍事關係的重要角色。

---

[11] 楊文鶴，「一項卓有成效的雙邊合作」，國家海洋局網站（北京），電子檔見 http://news.xinhuanet.com/ziliao/2002-01/28/content_257226.htm，2007 年 10 月 12 日下載。

[12] 「中美兩國具有長期科技合作史」，美國參考（北京）。

第二節　冷戰後期中美海事安全交流與軍事交流發展

後冷戰時期，由於國際環境驟變及美國對華政策的調整，使得中美兩國關係波瀾不斷。1993 年銀河號事件[13]、1996 年台海危機、和 2001 年南海撞機事件，更使中美關係跌入谷底。其中受衝擊最大的當屬軍事交流。值此時期，中美的海事安全交流，卻默默著扮演著緩衝及穩定兩國關係的角色。

一、開低走低的軍事交流

1989 年的六四天安門事件，讓美國深刻體認到中共的極權專政。為了鞏固共產黨的政權，可以屠殺自己人民。同年 6 月 5 日，美國總統布希宣佈對華制裁措施後，致使雙方關係急轉直下，也影

---

[13] 「銀河號事件」是發生在 1993 年 7 月到 9 月間，中美的一次外交衝突。「銀河」號是中國遠洋運輸總公司廣州遠洋運輸公司所屬中東航線上的 1 艘貨櫃輪。1993 年 7 月 7 日，「銀河」號從天津新港出發，最後共載六百二十八個集裝箱，駛向中東。7 月 23 日起，美國稱證據指出，「銀河」號貨輪載有可以製造化學武器的硫二甘醇和亞硫醯氯，正準備運往伊朗的阿巴斯港。美國派出艦、機對「銀河」號跟蹤監視，並要求「銀河」號返航。在美國壓力下，中國被迫讓步，同意在第三方的參與下進行檢查。8 月 28 日，沙烏地阿拉伯、中國、美國 3 方檢查人員對停靠在達曼（Dammam）港的「銀河」號進行檢查，最後卻沒有發現任何化學武器。這個事件被認為是中國外交和海軍的失敗，而美國人則出盡洋相，尷尬收場。見「銀河號事件」，維基百科，http://zh.wikipedia.org/wiki/%E9%93%B6%E6%B2%B3%E5%8F%B7%E4%BA%8B%E4%BB%B6，2007 年 5 月 20 日下載。

響了兩國軍事交流[14]。加上冷戰結束後，美國認為中共的戰略價值已不若之前重要，更使得軍事交流逐漸陷入停頓狀態。

1994 年 10 月美國國防部長裴利（William Perry）的訪華，雖然讓兩國關係露出一線曙光[15]，但 1996 年台海危機、1999 年 5 月 8 日，美國誤炸中共駐南斯拉夫使館、中共打壓法輪功、兩國論等種種事件，使得雙方關係每況愈下。

1996 年 12 月中共國防部長遲浩田的訪美，又讓兩國軍事交流出現短暫的走揚[16]。然而這一切，在 2001 年有了新的變化。美國小布希總統上台初期，重新定位美中關係，將中共視為「戰略競爭對手」，宣佈重新評估兩國軍事交流計畫。加上同年 4 月 1 日在海南島附近發生美國 EP-3E 偵察機與中共殲八戰鬥機擦撞事件[17]，無疑使得中美軍事關係雪上加霜。當時美國國防部長倫斯斐（Donald Henry Rumsfeld）更下令中止所有與中共的軍事交流計畫，舉凡軍艦與人員互訪活動均告停止[18]，讓兩國軍事交流降至冰點。

---

[14] 布希總統宣佈對華制裁措施後隔日，美國國防部長錢尼（Dick Cheney）聲明，暫停對原計劃的中國海軍司令員張連忠和國防部長秦基偉的訪美安排。

[15] 「中美軍事交流」，中國新聞網（北京），http://www.china.org.cn/chinese/HIAW/107558.htm，2007 年 5 月 12 日下載。

[16] 「中美軍界恢復最高接觸　兩國軍艦互訪戰略要地」，青年參考報（北京），2003 年 10 月 30 日，http://news.huash.com/gb/news/2003-10/30/content_616777.htm，2007 年 5 月 20 日下載。

[17] 「中美關係 30 年大事記」，BBC 中文網（北京），2002 年 2 月 20 日，http://news.bbc.co.uk/hi/chinese/news/newsid_1830000/18306541.stm，2007 年 5 月 9 日下載。

[18] 蔡明彥，「論美中恢復高層軍事交流」。

二、雪中暖流的海事安全交流

在此時期中，中美海事安全交流多少受到一些牽連。例如美國在
1999 年所提出的「考克斯報告（Cox report）」，對中美科技領域合作
即產生負面影響，包括中共一些高科技訪團的赴美簽證遭到拒簽。而
中共在《中美科學技術合作協定》聯委會中，所提出採購用於氣候中
期預報的超級電腦，也花了九年的時間才買到，從當今技術發展速度
看，如果再需要如此之長的時間後買到的電腦，恐怕早已過時[19]。

然而在這段中美關係低潮期，兩國海事安全交流並非一事無
成，尤其在「海軍合作」領域，發揮了維繫兩國軍事交流基本關係
的關鍵作用。

關鍵作用的海軍合作

1996 年遲浩田的訪美，為中美雙方重啟軍事交流，而此時期的
交流成果，主要展現在海軍合作部份。細究其內容，多與海事安全
有關。這更使得中美海軍合作，對穩定兩國軍事交流發展，起了關
鍵作用。其中最重要的，莫過於兩國簽訂《關於建立加強海上軍事
安全磋商機制的協定（Military Maritime Consultation Agreement,
MMCA，簡稱海上軍事磋商協定）》。

◆ 中美海上軍事磋商協定

1998 年 1 月 17 日，美國國防部長柯恩（William Cohen）訪華
期間，與中共國防部長遲浩田簽署《關於建立加強海上軍事安全磋

---

[19] 「中美科技執行秘書會議在夏威夷召開」，國家海洋局網站（北京），電子檔
見 http://www.soa.gov.cn/intercop/ws15/nr14.htm，2007 年 9 月 19 日下載。

商機制的協定（Military Maritime Consultation Agreement, MMCA，簡稱海上軍事磋商協定）》。這是 1997 年江澤民訪美，與美國總統柯林頓共同發表《中美聯合聲明》中，所達成的共識。這份《海上軍事磋商協定》，更為 2006 年兩國海軍海上聯合搜救演習留下伏筆[20]。

　　《海上軍事磋商協定》是中美兩國所簽訂的首份有關軍事安全磋商機制的協定，亦是兩國首個海事安全信心建立措施[21]。這份協定主要任務是開展實質性的海上安全問題交流、增進相互了解、以避免雙方機艦發生意外事故、誤解或誤判，確保海上安全[22]。其精神與架構上係延襲美蘇的《防止公海意外事件協定》[23]。

　　由於走向藍水的中共海軍，在公海與美國機艦的遭遇機會大增，相對意外事件的發生機會也大增。1994 年 10 月 27 日，隸屬於美國「小鷹」號航母戰鬥群的一架 S-3 反潛機，在黃海海域偵獲一艘中共的「漢」級潛艦，並持續進行追蹤，中共則派出兩架戰機進行攔截，雙方緊張情勢不斷升高，最後該事件因「漢」級潛艦返回母港而落幕。為避免類似意外事件的發生，中美兩國經過多年磋商，遂簽訂本協定，以彌補 1972 年《國際海上避碰章程》的不足，防止

---

[20] 「中美海軍首次海上聯合搜救演習紀實」，新華網（北京），2006 年 9 月 22 日，http://news.xinhuanet.com/mil/2006-09/22/content_5122914.htm，2007 年 5 月 20 日下載。

[21] 陳雅莉，「遭遇黃海」，華盛頓觀察周刊，2002 年第 2 期，http://www.washingtonobserver.org/WPFC/WPF100202CN4.asp，2007 年 11 月 1 日下載。

[22] 「中美聯合聲明（1997 年 10 月）」，新華網（北京），2002 年 10 月 21 日，電子檔見 http://big5.chinataiwan.org/gate/big5/2006.chinataiwan.org/web/webportal/W4734243/Uadmin/A4765629.html，2007 年 11 月 8 日下載。

[23] 翟文中，「海上軍事信任建立措施：台海兩岸簽署預防海上意外事件協定研究」，國防政策評論，第 3 卷第 1 期（2002 年秋季號），頁 52。

海上意外事件向上發展成為衝突，或是戰爭[24]。依據《海上軍事磋商協定》，中共與美國每年將會輪流舉辦二至三天的年度會議，針對雙方達成共識的議題進行討論。議程討論項目以雙方機艦的海上活動為主，這些措施有助提升海洋安全以及建立雙方互信，諸如搜尋與救難，軍艦遭遇時的相互通聯程序、闡明航路規則，以及避免海上意外事件。

◆ 中美海軍高層、軍艦互訪

除此之外，在海軍人員與艦艇互訪方面，1997 年 3 月，中共海軍「哈爾濱」號、「珠海」號和「南倉」號特遣艦隊，首次訪問美國本土。9 月，美國兩艘軍艦回訪青島港。1998 年 8 月和 12 月，美國軍艦分別訪問了青島港和上海港。2000 年 7 月 31 日，美國海軍太平洋艦隊司令法戈（Thomas Fargo），率「錢斯洛斯衛爾（Chancellorsville, CG62）」號飛彈巡洋艦訪問中國青島港，中國北海艦隊「青島號」驅逐艦、「太倉號」補給艦，於 8 月 20 日回訪美國檀香山、西雅圖等港口。同年 4 月 14 日，中共海軍司令員石雲生訪美；10 月 11 日，美國海軍部長丹齊克（Richard J. Danzig）回訪北京[25]。

雙方海軍高層及艦艇，在刻意營造對等情勢下，順利完成互訪任務。為波瀾不斷的中美關係，注入暖流。而《海上軍事磋商協定》也在不久的將來，為雙方重啟軍事交流，發揮關鍵性作用。

---

[24] 翟文中，「中共與美國簽署『加強海上軍事安全磋商機制協定』之研究」，頁 10。

[25] 「新聞重播：十年來中美軍事交流的十個第一次」，新華網（北京），2006 年 9 月 22 日，http://news.xinhuanet.com/mil/2006-09/22/content_5123215.htm，2007 年 5 月 20 日下載。

大有進展的海洋資源保護合作

萌芽的中美海洋資源保護合作，在此開低走低的軍事交流時期，發揮重要的穩定角色。

◆ 中美海岸帶管理合作

始於 1984 年的中美海岸帶管理合作，於 1997 年 5 月 29、30 日，在北京舉行海岸帶管理和保護區合作討論會，並簽署佛羅里達魯克利灣國家河口研究保護區，和廣西壯族自治區山口國家紅樹林生態保護區的兩個海洋自然保護區合作協議[26]。除此之外，持續的海洋科技合作，亦發揮相同穩定兩國基本關係的效果。

◆ 關於有效合作和執行聯合國大會46/215號決議的諒解備忘錄

《關於有效合作和執行聯合國大會 46/215 號決議的諒解備忘錄》是效果類似《海上軍事磋商協定》的海上執法合作機制。中美為執行 1991 年 12 月 20 日聯合國大會所通過之「大型中上層流網捕魚以及其對世界海洋生物資源的影響」之 46/215 號決議（UNGA 46/215），兩國政府於 1993 年 12 月 3 日，簽署《關於有效合作和執行聯合國大會 46/215 號決議的諒解備忘錄》，以共同打擊北太平洋公海流網作業行為。此諒解備忘錄提到，「每一方的一名稱職公務人員應有資格乘坐另一方在公海上的每一艘流網執法船。每一名該類公務人員上船及下船的時間及地點不應影響該船的航行計畫」[27]。

---

[26] 「中美海洋和漁業科技合作」，國家海洋局網站（北京），http://www.soa.gov.cn/intercop/zm.htm，2007 年 9 月 19 日下載。

[27] 「美、中關於聯合國大會 46/215 決議的諒解備忘錄」，中國海關綜合信息網（北京），http://www.china-customs.com/customs/data/1357.htm，2007 年 5 月 20 日下載。

因而開啟兩國的海上聯合執法開端。自 1994 年起，中共每年即派遣漁政人員，隨同美國海岸防衛隊參加北太平洋海上聯合執法行動。

這看似平常的海上聯合執法，卻在不久的將來，因美國反恐的迫切需求，而「意外」成為雙方擴展至其他層面交流的立基點。

穩定的海洋科技合作

包括持續簽署與執行的《中美科學技術合作協定》、《中美海洋和漁業科學技術合作議定書》，對兩國關係產生一定程度的穩定效果。

此外，這段時期的海洋科學研究交流合作層面，較有成果的，當屬中美海底光纜項目。該項目是集海洋科技、通訊技術、資訊安全合作於一身的海事安全合作項目。中美海底光纜是一個由北線和南線所組成的環狀結構，由世界二十三個電信機構共同出資建造。於 1997 年 12 月開工建設、2000 年 1 月 19 日投入使用[28]。

屬於民間交流性質為主的海洋科技合作，一直擔負著穩定中美基礎關係的任務。

頗有成果的港口及海上交通線安全交流

1996 年的台海危機，意外促成中美兩國元首在 1997、1998 年的互訪，也為中美的執法合作開創新頁。自此，兩國在港口及海上交通線安全交流也逐步開展。

◆ 中美加強防擴散、執法合作

1997 年，江澤民訪美期間，與美國總統柯林頓，就防擴散、防恐及執法合作，達成交流共識，並同意在打擊國際組織犯罪、毒品

---

[28] 孫渤，「中美海事安全合作」，頁 384。

走私、非法移民、製造偽鈔和洗錢等方面加強合作[29]。中共在 1998年柯林頓總統回訪時，雙方亦再次重申，「促進中美法律交流和執法合作符合兩國的利益和需要。雙方將繼續努力，進一步落實《中美聯合聲明》關於加強中美法律合作的共識」[30]。自此，執法合作成為中美兩國關係的一個重要部分。中美執法部門間密切接觸，業務頻繁交流，雙方並建立執法合作聯合聯絡小組會晤機制。在打擊經濟犯罪、打擊非法移民、保護知識產權、禁毒等領域積極展開合作。

◆　首次香港聯合搜救演習

此外，中美兩國領袖更同意就人道主義救援和減災問題通報等情況，進行討論與經驗交流。1998 年柯林頓總統訪華時，即再次提到「兩國軍方已就在人道主義救援和減災、軍事環境保護以及互派人員觀摩對方聯合訓練演習方面開展合作達成協議」。進而間接促成 1998 年、1999 年在中美在香港所舉行的搜救演習。1998 年 12 月，解放軍駐港部隊「771」飛彈快艇，與美國海岸防衛隊共同參加在香港海域所舉行的搜救演習[31]。此亦為中共海軍自第二次世界大戰以來，第一次與美國共同參與的演習。

---

[29] 「中美發表聯合聲明」，人民日報（北京），1999 年 10 月 31 日，電子檔見，http://www.people.com.cn/GB/shizheng/16/20020422/714879.html，2007 年 7 月 13 日下載。

[30] 「江主席主持隆重儀式歡迎克林頓總統（1998 年）」，人民日報（北京），1998 年 6 月 28 日，電子檔見 http://www.people.com.cn/BIG5/shizheng/252/7429/7437/20020210/667799.html，2007 年 11 月 8 日下載。

[31] 「八一軍徽耀香江：海上先鋒新傳奇」，人民網（北京），2007 年 6 月 15 日，http://military.people.com.cn/GB/1076/52978/5869942.html，2007 年 12 月 5 日下載。

資料來源：中華網（北京）

圖 16　中共海軍「771」號飛彈快艇

◆　中共參加北太平洋海上警務執法機構論壇

而 2001 年中共公安部參加「北太平洋海上警務執法機構論壇（North Pacific Coast Guard Forum）」，也為雙方海洋執法合作，奠定根基。該論壇是日本海上保安廳在 2000 年發起成立的一個區域性國際合作機制，目前成員國除日本海上保安廳、南韓海洋員警廳、俄羅斯安全總局邊防局、加拿大海岸警衛署外，當然也包括美國海岸防衛隊。該論壇設有六個工作組，就打擊海上販毒、資訊交換、聯合行動、海上安全、反偷渡、漁業環境等問題開展合作，每年分別召開專家會議和高官會議各一次。自 2001 年第二屆會議起，中共公安部以觀察員的身份參加了該論壇的工作會議。

由於海軍合作，事涉軍事敏感關係，所以在港口及海上交通線安全交流層面，主要以中美海洋執法機構為交流對象。這對二十一

世紀所面臨日增的海上非傳統安全威脅而言，無非是雙方拓展交流
合作的極佳切入點。

第三節　911 事件後的海事安全交流
　　　　與軍事交流發展

　　2001 年美國紐約發生「911」恐怖攻擊事件後，反恐成為美國
國家安全戰略的首要目標。再加上中共大力支持美國反恐合作的鮮
明立場，使得包括對華政策在內的美國外交政策隨之調整。2002 年
9 月 20 日，布希總統政府發表的《美國國家安全戰略（The National
Security Strategy）》，把打擊恐怖主義作為第一要務，並認為「這是
一項長期的全球性任務」[32]。其中值得注意的是，報告中提出「美
國歡迎一個強大、和平與繁榮的中國出現」。伴隨中美在各個領域的
合作不斷深化，兩國關係發展進入了相對平穩的階段[33]。

一、利空出盡的軍事交流

　　「911」事件後，隨著中共綜合國力的不斷提升，及美國對於中
共在國際事務處理上的需要，中美關係逐漸回暖，兩國軍事交流也逐

---

[32] "The National Security Strategy 2002", *the white house website*（Washington, D.C.），http://www.whitehouse.gov/nsc/nss/2002/index.html, accessed 2007/5/20.

[33] 「軍事觀察：關於美國軍事戰略調整的思考」，人民網（北京），2005 年 7 月 1 日，http://news.tom.com/1002/20050701-2267762.html，2006 年 11 月 25 日下載。

漸解凍。2004 年 1 月，美國參謀首長聯席會議主席邁爾斯（Richard B. Myers）的訪華，成為布希總統政府訪問中國的最高階層軍事官員[34]。這段時期，兩國不僅建立了副部長級的定期磋商機制[35]、亦確立了多個層級間的軍事人員互換留學和訪問制度，並且還建立了軍事熱線。

　　自 2005 年起，不但美國高官紛紛前往中國大陸訪問[36]，連中美的軍事交流，也開始呈現加溫趨勢。同年 9 月及 10 月，太平洋軍區司令法倫（William Fallon）和國防部長倫斯斐先後訪問中國。其中位於北京的第二炮兵司令部，更第一次開放給象徵美國保守派的倫斯斐參觀，意義非凡[37]。2006 年，中美軍事交流更取得了突破性的進展，兩國海軍已深化到基層軍官的交流合作。6 月，中共首次派出包括六名解放軍軍官在內的十人代表團，赴關島觀摩美軍「勇敢之盾（Valiant Shield 2006）」演習[38]；9 月與 11 月，中美兩國海軍先後進行了兩個階段的海上聯合搜救演習。兩軍交流從政治意義，提升到實質層面。

　　延續前一年的發展熱度，2007 年 3 月，美國參謀首長聯席會議主席佩斯（Peter Pace）就任以來首次訪問中國大陸[39]；4 月，中共海軍司令員吳勝利訪美；5 月，美國太平洋軍區司令基廷（Timothy

---

[34] 「美參聯會主席邁爾斯開始訪問日本、中國等四國」，中國新聞網（北京），2004 年 1 月 13 日，http://big5.china.com.cn/chinese/HIAW/478912.htm，2007 年 5 月 13 日下載。

[35] 「美中官員將討論恢復軍事交流」，美國之音中文網（北京），2002 年 6 月 22 日，www.voanews.com/chinese/archive/2002-06/a-2002-06-22-1-1.cfm，2006 年 11 月 18 日下載。

[36] 「美高官紛訪中，史上少見」，聯合報，2005 年 10 月 16 日，版 A13。

[37] 「新聞重播：10 年來中美軍事交流的 10 個第一次」，新華網（北京）。

[38] 「破天荒，中共觀摩美軍演習」，聯合報，2006 年 6 月 18 日，版 A13。

[39] 「美軍參聯會主席訪中共」，聯合報，2007 年 3 月 23 日，版 A14。

Keating）訪華。值得注意的是，同年 2 月 19 日，中共首次派遣海軍兩艘飛彈護衛艦，從浙江寧波啟航，前往巴基斯坦卡拉奇（Karachi）港，參加於 3 月 6 日至 16 日在印度洋海域所舉行的「和平-07」多國海上聯合搜救演習，美國亦有派遣海軍艦艇參與[40]。這顯示近幾年來，中共與美國間的關係，正藉由非傳統安全領域的合作，而逐漸增溫。在這個雨過天晴的階段，兩國關係可以說是「利空出盡，震盪中求穩定」。

二、幕後推手的海事安全交流

事實上，這些亮眼的中美軍事交流成績單，絕大部分應要歸功於兩國持續的海事安全交流。

突破的港口及海上交通線安全交流

此層面最重要的交流成果，莫過於中共同意配合美國為遂行新世紀反恐任務，所提出的「貨櫃安全倡議」。

◆　中共同意貨櫃安全倡議

2003 年 7 月 29 日，美國海關與邊境保護局長邦納，和中共海關總署署長牟新生共同宣佈簽署實施「貨櫃安全倡議」的原則聲明。據此，美國海關與邊境保護局可在上海港及深圳港派駐一個小組的人員，對運往美國的海運貨櫃進行檢查[41]。

---

[40] 「中國海軍首次參加海上多國演習　印巴高度關注」，新華網（北京）。
[41] 「中美簽集裝箱安全倡議　美方將在滬深駐海關人員」，中國新聞網（北京）。

　　相較於「防擴散安全倡議」,「貨櫃安全倡議」之所以在很大程度上為中共所接受,有兩個關鍵因素,一是海關具有刑事執法權,由海關執法具有法理依據,容易為各國接受。二是對等原則。根據此原則,雙方均可派員常駐對方港口,監督協調可能出現的問題,體現主權國家之間公平對等的原則[42]。

　　除此之外,中美海域行政執法機關的交流,也有所突破。

　　1997 年,江澤民訪美期間,兩國所共同宣佈的《中美聯合聲明》中,提及中美在打擊國際有組織犯罪、恐怖主義等問題上,存在巨大的合作潛力[43]。全面揭開的中美執法合作的序幕。到了「911」事件後,這些合作陸續開花結果,其中海上執法合作更有突破性的發展。

◆　海岸防衛隊加強與中共交流

　　2004 年,應中共公安部的邀請,美國海岸防衛隊司令科林斯(Adm. Thomas Collins)上將於 6 月 9 日～14 日率團訪問中共國家海洋局。雙方就海上執法、海洋環保、極地事務等方面進行交流,並表達在這些領域開展合作的意願。中共國家海洋局局長王曙光,也在 2005 年 6 月受邀率團回訪美國,以進一步討論合作事宜。

　　雙方高層的互訪,在隔年獲致重要成果。2006 年 1 月,美國海岸防衛隊派出第一位駐華聯絡官林朝陽(Bernard Moreland)上校,堪稱是中美海事安全交流向下紮根的重要一步。而林朝陽上校更在 2007 年 6 月 20 日,首次赴浙江寧波公安海警高等專科學校,為中共海警部隊官兵進行首次為期七天的教育訓練。在這次的講習

---

[42] 楊明杰,「擴散安全倡議評估」,現代國際關係,2003 年第 10 期,頁 47。
[43] 「中美發表聯合聲明」,人民日報(北京)。

中，林朝陽上校介紹美國海岸防衛隊歷史沿革、使命任務、教育培訓、海上執法等情況。參加聽課的，除學校官兵外，還有來自大陸各地海警部隊的部分領導幹部。雙方就海上執法問題進行面對面的座談與意見交流，有效的促進中美雙方海上執法機構的互相瞭解與合作[44]。

此後雙方高層互訪也形成慣例。這包括 2006 年美國海岸防衛隊司令科林斯二度的訪華。此凸顯出，面對日趨嚴重的海上非傳統安全威脅，中美作為毗鄰太平洋的兩個大國，在諸多議題上存在著合作的契合點。

◆　中共首次參與亞太多國海上安全演習

而在國際執法合作機制下的中美海事安全交流，也有穩定的成果。中共自 2001 年以來，由公安部牽頭，外交部、交通部、農業部、國家海洋局等部門聯合組團，先後四次以觀察員身份參加了「北太平洋海上警務執法機構」論壇。2004 年 8 月，經國務院批准，由公安部牽頭正式加入該論壇[45]。2006 年 3 月 28 日、10 月 25 日，中共公安部邊防局更分別在浙江杭州和海南三亞，首次主辦第七屆專家和高官會議，相關參與國的海岸警備執法機構代表，就漁業執法、反偷渡、海上安全、情報交換、海上禁毒、聯合行動等議題進行研

---

[44] 「美國海岸警衛隊專家首次為中國海警官兵講學」，新華網（北京），2007年 11 月 8 日，http://military.china.com/zh_cn/news/568/20070621/14172690.html，2007 年 7 月 13 日下載。

[45] 「北太平洋地區海岸警備執法機構論壇第七屆專家會議在杭州召開」，中華人民共和國公安部網站（北京），2006 年 3 月 31 日，http://www.mps.gov.cn/cenweb/brjlCenweb/jsp/common/article.jsp?infoid=ABC00000000000031934，2007 年 10 月 15 日下載。

討，並共同簽署了《三亞宣言》[46]。同年 5 月 27 日至 6 月 8 日，中國首次參與，包括美國、日本、南韓、俄羅斯和加拿大在內的海上安全聯合演習，此次演習內容包括防止大規模殺傷性武器流入、海上救援、確保北太平洋到印度洋間海上運輸安全等[47]。雖然中國態度有所遲疑[48]，但整體演習已隱含有「千艦海軍」的影子。

交流急先鋒的海軍合作

在上世紀末，扮演穩定中美軍事關係關鍵角色的海軍合作，於新世紀初，在其他層面的海事安全合作催化下，成了軍事交流的急先鋒。

◆ 融冰的第三次中美海上軍事磋商會議

1998 年中美《海上軍事磋商協定》所形成的年度例行海上軍事諮商會議，建立起兩國海軍溝通的橋樑。此成效甚至反應在 2001 年中美軍機擦撞事件。由於兩國受前述等事件影響，導致軍事交流中斷，此時中美海上軍事諮商會議適時扮起和事佬的角色，在 2001 年 9 月中旬，中美在關島所舉行的海上軍事諮商會議，讓雙方恢復中斷已久的軍事接觸。

---

[46] 「北太平洋六國高官倡導加強海上執法合作」，星島環球網（香港），2006 年 10 月 26 日，http://www.singtaonet.com:82/hot_news/gd_20061026/t20061026 _372951.html，2007 年 7 月 9 日下載。

[47] 「我與美日搞海防演練」，環球時報（北京），2006 年 5 月 26 日，版 2，電子檔見 http://paper.people.com.cn/hqsb/html/2006-05/26/content_5983216.htm，2006 年 12 月 10 日下載。

[48] 「中國首次參與亞太多國海上安全演習」，BBC 中文網（英國），2006 年 5 月 26 日，http://news.bbc.co.uk/chinese/trad/hi/newsid_5010000/newsid_5019400 /5019440.stm，2006 年 11 月 18 日下載。

　　而 2003 年下半年以來，中美海軍也恢復艦艇互訪與交流：9 月 22 日，美國太平洋艦隊的兩艘軍艦首次訪問中共南海艦隊司令部； 10 月 22 日，中共南海艦隊兩艘軍艦首次訪問美國的戰略重地關島。

　　2007 年 5 月 22 日，隸屬於美國太平洋艦隊第 21 驅逐艦中隊的 「斯特森（Stethem, DDG-63）」號驅逐艦，抵達青島進行為期四天 的友好訪問。這是美國海軍艦艇第九次訪問青島港。特別的是在「斯 特森」號驅逐艦結束訪問後，中共海軍「青島」號驅逐艦與「斯特 森」號驅逐艦，於青島外海舉行聯合演練[49]。

◆　中美海軍首次海上聯合搜救演習

　　而在 2006 年 9 月 20 日，中共海軍遠訪艦艇編隊訪問美國，並 在聖地牙哥西北海區，與美國太平洋第三艦隊舉行了首次海上聯合 搜救演習的第一階段；同年 11 月 19 日，美國兩棲船塢登陸艦「朱 諾（Juneau LPD-10）」號和中共海軍艦艇編隊，在廣東湛江附近海 域舉行第二階段海上聯合搜救演習。美國第七艦隊司令羅海德上將 並於 11 月 12 日首次抵達中國大陸訪問，期間表示，此次演習的一 個主要目的在於增進中美海軍之間的瞭解，加強雙方的合作[50]。在此 次演習中，有著中美《海上軍事磋商協定》所留下的伏筆。本次演習 所使用的《實驗戰術 1000 海上機動和戰術程序（EXTAC1000）》[51]及

---

[49] 「美導彈驅逐艦訪問青島　中美海軍將聯合演練」，青島新聞網（青島），2007 年 5 月 22 日，http://jczs.news.sina.com.cn/p/2007-03-06/0930433765.html，2007 年 5 月 24 日下載。

[50] 「中美兩國將於本周在中國海域舉行聯合搜救演習」，新華網（北京），2006 年 11 月 14 日，military.china.com/zh_cn/news/568/20061114/13742251.html， 2006 年 11 月 18 日下載。

[51] 《實驗戰術 1000 海上機動和戰術程序（EXTAC1000）》是美國海軍準則司令 部所制定的海上聯合軍事演習準則，亦為其所編十五種《實驗戰術》海上演

《海上意外相遇規則（CUES）》[52]，即是雙方透過《海上軍事磋商協定》年度會議討論的結果[53]。

◆ 中共海軍首次參加多國海上聯合反恐演習

此外，在 2007 年，中國首次派出艦艇，參加包括美國海軍在內的國際聯合軍事演習。由「連雲港（FFG-522）」號護衛艦和「三明（FFG-524）」號護衛艦組成的中共海軍艦艇編隊，3 月 5 日抵達巴基斯坦海港卡拉奇港，參加由巴基斯坦海軍所主辦的「『和平-07』海上多國聯合軍事演習」。演習目的即是針對不斷增加的海上恐怖主義威脅之海事安全議題，以促進各國海軍之間的合作與交流，提高各國海軍應對恐怖襲擊和聯合行動的能力[54]。

習系列準則中的第依種。主要是與北約以外之非盟國間，進行聯合軍事演習而制定，以克服不同國家海軍間，因語言、裝備、指揮程序、工作習慣不同，而造成的協同障礙。作為海上聯合軍事行動的行為規範，這份文件還只是一個較為簡單的行動準則，只能適用於小規模、低合成度、內容簡單的聯合軍事演習活動，不足以支持大規模的海上合同作戰演習，特別是對抗性演習，更難以滿足海上聯合作戰的複雜協同要求。見「解讀中美海軍海上搜救演習——訪問海軍大校李亞強」，艦船知識（北京），328 期（96 年 1 月），頁 8。

[52] 《海上意外相遇規則（CUES）》是西太平洋地區，不同國家的海軍艦艇、飛機，由於沒有事先約定、或及時通報、抑或氣候突變、發生海上意外事件等諸多因素，而在海上意外相遇時，為避免誤會，確保安全，所採取的行為規範。主要包括處置原則、行動方法、通信聯絡等內容。該文件由地區海軍代表，在「西太平洋海軍論壇（WPNS）」上研究同意，由澳大利亞海軍所編寫，透過「西太平洋海軍論壇（WPNS）」頒發，地區各國海軍自願執行。見「解讀中美海軍海上搜救演習——訪問海軍大校李亞強」，艦船知識（北京），頁 8。

[53] 「解讀中美海軍海上搜救演習——訪問海軍大校李亞強」，艦船知識（北京），頁 8。

[54] 「中國海軍穿越印度洋參加九國反恐軍演」，新浪網（北京），2007 年 3 月 6 日，http://jczs.news.sina.com.cn/p/2007-03-06/0930433765.html，2007 年 3 月 7 日下載。

資料來源：解放軍報（北京）

圖 17　參加 2006 年第二階段海上聯合搜救演習的中美海軍艦艇

◆　中共海軍首次參加西太平洋海軍論壇多邊海上演習

　　而 2007 年 5 月 14 日，中共更罕見派遣「襄樊」號飛彈護衛艦，前往新加坡樟宜海軍基地，參加 15 日至 20 日在新加坡附近海域舉行的第二屆「西太平洋海軍論壇（West Pacific Naval Symposium, WPNS）」多邊海上演習。其中美國也派遣「平克尼（Pinckney DDG-91）」號驅逐艦參加[55]。

---

[55]　「樟宜港吹來中國風：07 亞洲國際海事防務展閉幕」，新華網（北京），2007 年 5 月 19 日，http://military.china.com/zh_cn/news/568/20070519/14106537. html，2007 年 5 月 20 日下載。

資料來源：新華網（北京）

圖 18　參加「和平-07」海上多國聯合軍事演習的中共護衛艦艇

　　以前中國是以觀察員身分參與「西太平洋海軍論壇」[56]，此次是第一次派遣軍艦，參加亞太地區多國間聯合軍事演習，也是中國第二次派出艦艇參加國際間聯合軍事演習[57]。

---

[56] 西太平洋海軍論壇成立於 1988 年，是西太平洋地區各國海軍代表，定期交流對話的機制性活動，亦是西太平洋地區唯一的海軍多邊對話場合，和海上軍事安全合作活動的重要形式，是唯一涵括整個地區，具有最廣泛參與程度的海軍合作形式。但西太平洋海軍論壇不是一個傳統意義上的軍事組織，更不是一個地區性的軍事聯盟，也沒有常設機構。其活動是依照不同層次而進行，由各成員國自願主辦。主要有：正式論壇會議、工作研討會、各種海軍專業研討會，和各種海上演練等四大類。西太平洋海軍論壇在組織與活動形式上，採取平等對話、自由討論的方式，強調各國海軍合作與交往，研討內容涵括涉及地區安全與合作、科技發展與海洋穩定等諸多重要的國際問題。西太平洋海軍論壇正式研討會每兩年舉辦一次，主要提供西太平洋地區各國海軍代表交流，表達對海事安全、海軍合作的意見、制定行為規範與地區海軍合作形式、內容及方法。目前有美國、中國、澳大利亞、日本、印尼、新加坡、汶萊、馬來西亞、紐西蘭、巴布亞新幾內亞、菲律賓、南韓、泰國、柬埔寨、俄羅斯、越南等十八個會員國，加拿大、印度、孟加拉和智利四個

資料來源：解放軍報（北京）

圖 19　參加第二屆「西太平洋海軍論壇」演習的中共「襄樊」艦

這些海事安全交流，順利的推動了中美的軍事交流。

開花結果的海洋資源保護合作

除此之外，中共依照 1993 年所簽定的《關於有效合作和執行聯合國大會 46/215 號決議的諒解備忘錄》，自 2002 年起，每年派一至

觀察員國。見「解讀中美海軍海上搜救演習──訪問海軍大校李亞強」，艦船知識（北京），頁 9。

57 「第二屆多邊海上演習啥回事？訪中國參演艦指揮員李曉岩大校」，當代海軍（北京），165 期（2007 年 6 月），頁 10-12。

二艘漁政船赴北太平洋公海參加中美海上聯合執法行動，主要對在北太平洋公海海域進行魷釣生產的中國漁船進行執法檢查。

◆　海岸防衛隊艦艇訪華及聯合執法

其中在 2006 年 5 月 21 日，「美洲杉（USCGC Sequoia－WLB 215）」號遠洋浮標供應船，應邀訪問上海，成為第一艘訪華的美國海岸防衛隊船隻。

2006 年 6 月 11 日，美國「急流」號執法船首次應中共公安部邀請，抵達山東省青島港，進行為期五天的友好訪問。這更成為二次大戰結束以來，首艘訪問中國大陸的美國海岸防衛隊主力執法船。在結束中國訪問後，「急流」號執法船於 7 月 9 日，與中共漁政 118 船、201 船，一同在北太平洋進行聯合編隊巡航執法。這也是中共連續第五年派遣漁政船赴北太平洋參加這一執法行動[58]。引人注意的是，該次執法行動中，「急流」號艦長沃爾上校，邀請中共漁業局的一名科長譚立周少校共同登艦[59]，並負責與需要接受登艦檢查的中國漁船進行無線電聯絡，然後隨同美國官兵一起登上漁船核查其註冊情況、設備記錄和捕撈量。譚立周透過艦上的電腦與國內的基地取得聯絡，並指揮美國執法艦展開海上執法。這是在中美雙方軍事交流中，所難見到的一幕。

---

[58] 「中美 06 年度北太平洋漁政聯合編隊巡航圓滿結束」，中華人民共和國中央人民政府網（北京），2006 年 7 月 11 日，www.gov.cn/zwjw/2006-07/11/content_332860.htm，2006 年 11 月 19 日下載。

[59] 「擔任船上指揮官　聯合巡查太平洋」，世界新聞報（北京），2006 年 12 月 26 日，http://gb.cri.cn/12764/2006/12/26/145@1368975.htm，2007 年 12 月 12 日下載。

資料來源：美國海岸防衛隊網站

圖20　「美洲杉」號遠洋浮標供應船

　　此交流亦已形成慣例，2007 年 8 月 16 日，美國海岸防衛隊另一艘主力執法艦──「鮑特韋爾」號，也前往上海進行為期六天的友好訪問。期間，中美雙方召開海上執法研討會，介紹各自機構職能、職責、業務、裝備等情況，重點研究打擊海上犯罪的資訊搜集、分析研判、執法技能等內容[60]。中國漁業執法人員，已暫用美國海岸防衛隊的艦艇，在北太平洋海域展開執法行動，打擊中國非法漁

60　「美海岸警衛隊執法船『鮑特韋爾』號訪上海」，新華網（北京），2007 年 8月 17 日，http://military.china.com/zh_cn/news/568/20070817/14283728.html，2007 年 8 月 29 日下載。

資料來源：山東省公安廳齊魯警務網（山東）

圖 21　2006 年 6 月 11 日訪問青島的「急流」號執法船

資料來源：中華網（北京）

圖 22　2007 年 8 月 16 日訪問上海的「鮑特韋爾」號執法船

船。與此同時，中方人員也在美國科迪亞克和阿拉斯加的漁業執法學校接受訓練[61]。

　　以上這些都是中美海事安全交流的創舉。除了與海岸防衛隊的合作之外，中共亦與美國國家海洋大氣管理局合作密切。

◆　美國國家海洋大氣管理局與中國的交流

　　2005 年 10 月，由聯合國與中共共同主辦的首屆國際海洋城市論壇，在廈門舉行。其重點圍繞水資源可持續利用的主題，針對海洋與水資源政策、水資源管理與利用技術等內容進行研討。而美國國家海洋大氣管理局副局長傑克·杜尼甘（Jack Dunnigan）參與該項論壇，並在開幕式上發表《基於生態系統的海岸帶管理》的專題演講，與會的國內外沿海城市市長共同簽署了《廈門宣言》。這項論壇促進了中共與國際間海洋城市之間的交流與合作。值得注意的是活動期間，中國海洋學會在舉辦「第三屆海洋強國戰略論壇」，中國國家海洋局、聯合國開發計畫署、美國國家海洋大氣局聯合舉行了「中國海洋生物多樣性保護和生態系統管理培訓與教育中心」的揭牌儀式[62]。

不遑多讓的海洋科技合作

　　在海洋科技合作方面，自 1985 年開始，持續進行的中美兩國海洋資料與情報合作，於 2003 年 10 月 20 日，在中國國家海洋信息中心召開了定期會議[63]。而美國國務院 2005 年遞交給國會的《美中科

61　「美國專家談中美海事安全合作前景」，中國國際戰略研究網（北京）。

62　林嶽夫，「國際海洋城市論壇（2006）在廈門舉行」，中國海洋報（北京），第 1547 期，http://www.soa.gov.cn/intercop/15471a.htm，2007 年 9 月 19 日下載。

63　朱瑞良，「中美海洋資料和情報合作國際會議在津開幕」，國家海洋局網站（北京），www.soa.gov.cn/intercop/1105.htm，2007 年 5 月 12 日下載。

學技術合作（U.S.-China Science and Technology Cooperation）》報告指出，該《中美科學技術合作協定》為兩國提供了一個不受其他緊張因素影響的理性對話和交流的渠道，並且使有影響力的中國科技界與同美國保持和平與建設性的利益關係。中美科技合作已經成為兩國對外科技合作中，規模最大、專案最多的合作計畫，並陸續取得了豐碩的成果[64]。

◆ 海洋與漁業科技合作議定書的續簽

　該協定下屬的中美海洋與漁業科技合作，也在 2004 年 7 月 21 日下午，於北京舉行《海洋與漁業科技合作議定書》的第五次續簽儀式，並持續進行相關交流。此次續簽，擴大了合作人員的參與範圍，增加了關於智慧財產權保護的內容；涉及安全、國防或外交利益需要保護或保密資訊和設備的處理問題等，更加符合當前雙方合作發展的需要，促使中美海洋與漁業科技合作朝著更加積極、活躍的方向發展。依該議定書，中美迄 2006 年已召開了十六次雙邊聯合工作組會議，兩國在海洋生物資源、海洋環境服務、海洋與海岸帶管理、海洋資訊資料、極地科學以及海上執法等方面的交流活動，非常活躍並富有成效[65]。

---

[64] U.S. China Science and Technology Cooperation (S&T Agreement): Report to Congress, *Bureau of Oceans and International Environmental and Scientific Affairs*(Washington, DC), http://www.state.gov/g/oes/rls/or/44681.htm, April 15 2005, accessed 2007/12/25.

[65] 「美海岸警備隊司令訪國家海洋局探討海上執法合作」，中新網（北京）。

其他間接的海事安全交流

除了中美兩國的直接交流外，中共與美國亦透過其他國際場合，進行交流與合作。2002 年 7 月 16 日，美國、中國、俄羅斯、日本、南韓、加拿大等六國，於夏威夷召開「西北太平洋海事會議」，就打擊海盜和反恐問題，進行交流與合作[66]。另外，2003 年 4 月 25 日至 26 日，由南韓提議召開的亞太經濟合作組織第一次海洋部長級會議，在南韓首都首爾舉行。來自中國、美國等二十一個 APEC 成員經濟體的海洋和漁業部長出席這項會議。會中所通過《漢城海洋宣言》便提到：「加強在能力建設方面的合作，共用資訊和技能，包括海洋科學和技術、負責任的漁業和可持續水產養殖以及綜合的沿岸和海洋管理」、「加強合作，尤其是通過亞太經合組織的貿易與投資自由化基金的活動，促進漁業產品的負責任貿易」[67]。2006 年 6 月 3～5 日，中美及其他二十多個國家代表，在新加坡所召開之「亞洲安全會議」中，就麻六甲海峽安全問題等海事安全合作等問題進行討論[68]。2007 年 5 月 19 日，中共更在上海舉行「2007 太平洋論

---

[66] 石剛，「從波斯灣到東亞海盜發展狀況與趨勢」，中國現代國際關係研究院海上通道安全課題組，海上通道安全與國際合作（北京：時事出版社，2005 年 1 月），頁 223。

[67] 陳越，「亞太經濟合作組織海洋部長級會議通過《漢城海洋宣言》」，國家海洋局網站（北京），http://www.soa.gov.cn/intercop/20032.htm，2007 年 10 月 10 日下載。

[68] 「亞洲安全會議，一個硝煙彌漫的會議」，新華網（北京），2005 年 6 月 13 日，http://big5.xinhuanet.com/gate/big5/news.xinhuanet.com/comments/2005-06/13/content_3078341.htm，2007 年 12 月 9 日下載。

壇」[69]，並邀請包括美國原駐華武官麥克維登（Eric A. Mcvadon）少將在內國內外專家學者[70]。

這些間接的交流，使得中美的海洋科技等方面之合作，有了更寬廣的面向。

第四節　中美海事安全交流特徵

自中美建交以來，兩國間的海事安全交流或是熱絡、或是降溫，但仍不斷在進行著。也許大家多把眼光集中在兩國的軍事交流，而忽略了海事安全交流所產生的作用。細尋中美海事安全交流，呈現出下列三項主要特徵。

一、具蓄水池般調節功能的中美海事安全互動

中美的海事安全交流，是兩國軍事交流的蓄水池。在兩國關係盪到谷底時，海事安全交流發揮了穩定功能，適時注入活水；在兩國關係好轉、交流漸增時，海事安全交流則扮演起急先鋒的角色，將交流層面擴至軍事等其他層面的交流（如圖 23）。

---

[69] 「『2007 太平洋論壇』上海舉行」，人民網（北京），2007 年 5 月 19 日，http://politics.people.com.cn/BIG5/14562/5752245.html，2007 年 7 月 2 日下載。

[70] Eric A. Mcvadon , "U.S.-PRC Maritime Cooperation: An Idea Whose Time Has Come?".

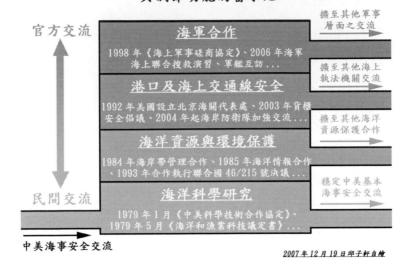

圖 23　中美海事安全互動示意圖

　　中美建交後，兩國軍事交流多次受到重大事件的影響而導致停擺。雖然中美之間的共同利益，催化了雙方軍事交流，但由於中美之間一直存有潛在矛盾與衝突。所以當雙方共同利益減弱，而矛盾衝突增加時，軍事交流便首當其衝。這種震盪現象，反應在兩國多起外交衝突事件中，1989 年 6 月六四天安門事件、1992 年 9 月 2 日，老布希總統批准對台軍售一百五十架 F-16 戰機、1995 年李登輝總統訪美、1996 年台海危機、1999 年美國眾議員考克斯（Chirstopher Cox）所提出的報告[71]，及美國誤炸中國駐南斯拉夫大使館、2001 年 4 月

中美軍機擦撞等事件，均使中美軍事交流中斷或延後，顯示出兩國軍事交流的脆弱與敏感。而兼具民間及官方彈性交流性質的中美海事安全交流，恰好取代了軍事交流的敏感性。

低潮期發揮穩定功能

在後冷戰時期這段中美軍事關係震盪期中，諸如自中美建交以來所持續簽署與執行的《中美科學技術合作協定》、《中美海洋和漁業科學技術合作議定書》、《關於有效合作和執行聯合國大會 46/215 號決議的諒解備忘錄》、及中美海岸帶管理合作，即適時發揮了穩定兩國關係的功能。在 1996 年台海危機後，隔年的軍艦互訪，為江澤民 10 月訪美打頭陣；而 1999 年 5 月先後發生中國駐南斯拉夫大使館遭美國誤炸，以及美國所公布考克斯報告等，對兩國海事安全交流造成負面影響的事件後，同年 12 月在香港所舉行的第二次聯合搜救演習，適時舒緩了兩國的緊張關係。

頻繁期擴至其他軍事層面交流

在兩國關係好轉時，海事安全交流扮演著催化其他軍事層面交流的角色。在 2001 年 9 月中旬，於關島所舉行的中美海上軍事諮商會議，即讓雙方恢復中斷已久的軍事接觸。另更促成 2006 年的中美海上聯合搜救演習，及 2007 年「西太平洋海軍論壇」多國間聯合軍事演習。

除此之外，中美依照 1993 年兩國所簽定的《關於有效合作和執行聯合國大會 46/215 號決議的諒解備忘錄》，自 2002 年起恢復在北太平洋的海上聯合執法，也促成了 2004 年以後中國與美國海岸防衛隊突破性的交流。

具有調節功能的關鍵原因

細究其因，由於中美海事安全合作主要可歸納在「海軍合作」、「港口及海上交通線安全」、「海洋資源與環境保護」、「海洋科學研究」等幾個兼具不同程度民間與官方性質的層面開展。其中海洋科技和海洋環境合作，以民間領域為主，所以敏感性較低。也因此在中美關係震盪期中，得以持續進行交流，成為注入交流活水、維繫雙方的關鍵。而「海軍合作」、「港口及海上交通線安全」，主要以官方領域為主。其中「海軍合作」更不脫軍事性質，成為推動其他層面軍事交流的原動力。故能在雙方關係轉好之際，順勢催化了軍事的交流。

目前中美兩軍的關係雖然仍不穩定，但美國海岸防衛隊與中共的相關海事部門一直保持著密切的聯繫，而且雙方之間的交流也比較順暢。美國海岸防衛隊與中國海事部門，在海洋管轄方面存在著共同的利益，因此雙方的合作並不存在抵觸心理，也不會引發對立情緒[72]。所以在中國對「防擴散安全倡議」及「千艦海軍」計畫仍怯步時，海岸防衛隊的交流合作，較能順利進行。

二、中美海事安全交流層面逐漸擴大

近年來，中美海事安全交流呈現逐漸擴大交流層面的局勢。這包括兩國直接的交流，以及透過國際合作，所進行的間接交流。

---

[72] 「美國專家談中美海事安全合作前景」，中國國際戰略研究網（北京）。

直接交流

在中美兩國直接交流部分，包括海軍、海上執法機構的人員與艦艇互訪、各項海事安全交流合作協議、兩國聯合執法，與海事機構演習等，直接促進了中美海事安全的交流。

以 2006 年在中美在兩國海域所各別舉行的海上聯合搜救演習為例，雖屬於綜合性安全領域，但其內容即是海事安全合作中，典型的海軍合作。且相較於 1998、1999 年的香港聯合搜救演習，本次更擴展至海軍交流層面。這是因為海上搜救屬於海軍傳統人道主義的任務，遂行海上搜救任務也是海軍最基本的能力。由於海上聯合搜救演習的針對性與敏感性較低，是增進中美兩國海軍間的相互了解、促進海事安全合作最有效的方式。在目前海上非傳統安全威脅日益增加的國際情勢下，這類演習將是最有效促進雙方交流的方式。

除此之外，在 2006 年的海上聯合搜救演習中，雙方海軍所採用的《實驗戰術 1000 海上機動和戰術程序（EXTAC1000）》及《海上意外相遇規則（CUES）》，是屬於地區性而非國際通用文件。這兩份文件均是在兩國《海上軍事磋商協定》中所共同討論，也就是說中美雙方都是基於自願原則而採用[73]。這對於增進中美雙方互信程度，亦具有一定助益。

間接交流

中美透過國際場合所進行間接交流部分，則更為廣泛。中共自1979 年透過加入聯合國教科文組織政府間海洋學委員會後，便積極

---

[73] 「解讀中美海軍海上搜救演習－訪問海軍大校李亞強」，艦船知識（北京），頁 8。

參與該委員會所發起的各項重大活動。這包括「海岸帶綜合管理計畫」、「國際海洋資料與情報交換委員會」、「全球海洋觀測系統」、「全球綜合海洋服務系統」、「全球海平面觀測系統」、「熱帶海洋和全球大氣研究計畫」、「世界大洋環流試驗」、「全球海洋環境污染調查」等[74]。中美兩國在此場合中，順利推進多項的海事安全交流合作。

此外，回溯整個亞太地區，最早提到海事安全合作的正式場合，應是「東協區域論壇」。而美國與中共，恰好也是該論壇參與國家之一。透過「東協區域論壇」場合，中美兩國也順利進行更為廣泛的海事安全交流合作。

其他諸如中美兩國海軍均有參加的「西太平洋海軍論壇」、「『和平-07』海上多國聯合軍事演習」；中美兩國海上執法機構均有加入的「北太平洋海上警務執法機構會議」；以及兩國海事機構所共同參與的西北太平洋海事會議、亞太經濟合作組織海洋部長級會議、亞洲安全會議、2005 年首屆國際海洋城市論壇、2007 年太平洋論壇等，不同層面、豐富而多樣的間接海事安全交流，使得中美的海事安全合作，有了更寬廣的面向。

三、中美海事安全交流內涵不斷深入

近年來，中美海事安全交流的另一項特徵，就是雙方交流內涵不斷深入。

---

[74] 「我國參加的聯合國教科文組織政府間海洋學委員會的主要活動」，國家海洋局（北京），2007 年 10 月 15 日，http://edu.jianlan.com.cn/ziliao/kepu/www.soa.gov.cn/intercop/zhf.htm，2007 年 10 月 15 日下載。

深入到實質交流

1997 年兩國共同發表《中美聯合聲明》，為中美雙方加強非傳統安全領域的合作揭開了序幕。《中美聯合聲明》明確指出，要加強兩國在打擊國際組織犯罪、毒品走私、非法移民、製造偽鈔和洗錢犯罪等方面的合作。這當然也包括確保港口及海上交通線安全的執法合作。近年來，中美海洋執法領域的交流合作日益頻繁。2006 年『急流』號執法船訪問青島期間，中美雙方即召開海上執法研討會，介紹各自機構職能、職責、業務、裝備等情況，重點研究打擊海上犯罪的信息搜索、分析研判、執法技能等內容。雙方還在 2000 年發起的「北太平洋海上警務執法機構論壇」架構下，派出執法小組進行業務訓練交流，並展示登上可疑船隻的技巧和戰術[75]。這種專業交流，使得中美兩國在海上執法領域，深入到實質的合作與互惠。

落實到工作階層

在 2006 年中美海上聯合搜救演習中，值得注意的還有兩國海軍不但相互指揮對方艦艇，而且擔任兩軍艦艇第一線通訊演練的不是高層軍官，而是觀通部門信號班副班長——三級士官李廣榮，及戰士谷保坤、於家君等基層士官兵[76]。而同年 7 月 9 日，美國「急流」號執法船與中共漁政 118 船、201 船，一同在北太平洋進行聯合編隊巡航執法。在該次執法行動中，「急流」號艦長沃爾上校，邀請中

---

[75] 「美海岸警衛隊首次訪華」，環球時報（北京），2006 年 6 月 15 日，http://world.people.com.cn/BIG5/14549/4474665.html，2007 年 10 月 15 日下載。

[76] 「中美海軍首次海上聯合搜救演習紀實」，新華網（北京），2006 年 9 月 22 日，http://news.xinhuanet.com/mil/2006-09/22/content_5122914.htm，2007 年 5 月 22 日下載。

共漁政海警執法官譚立周少校共同登艦，並負責與需要接受登艦檢查的中國漁船進行無線電聯絡，然後隨同美國官兵一起登上漁船核查其註冊情況、設備記錄和捕撈量。藉此，雙方基層官員得以直接面對面接觸與交流。而美國海岸防衛隊所派出的首位駐華聯絡官，也在 2007 年 6 月 20 日，首次赴浙江寧波公安海警高等專科學校，為中共海警部隊官兵進行首次為期七天的教育訓練。這些說明了雙方的海事安全互動，已逐漸落實到工作階層的交流。一定程度下，這些交流有利增進中美雙方工作階層間的互信與情誼。種種事實證明，中美海事安全交流內涵正不斷深入到實質的交流層面，並落實到工作階層。

第五節　小結

緊繫中美軍事關係的臍帶

中美的軍事關係總是最敏感的部分，兩國發展歷史中，即便曾經緊張過，卻未影響今日兩國關係的熱絡，這要歸功於緊繫中美的那條臍帶－海事安全交流。

早年中美海事安全交流，受益於兩國共同遏制前蘇聯的軍事擴張，而逐漸打下基礎。二十多年後，絜穩根基的中美海事安全交流，卻意外在新世紀反恐潮流中發光發熱。

「911」事件之後，美國將打擊恐怖主義作為第一要務，首要藉助的力量，即是綜合國力不斷增強的中國。隨著布希總統在 2002 年

6月1日西點軍校的講話中提到：「美國歡迎一個強大、和平與繁榮的中國出現」後，首先登場的即是以反恐為主的海事安全交流與合作。

這顯示出，即便脆弱的中美軍事交流，自建交以來，即呈現仿若股市震盪起伏的現象。但具有調節中美軍事交流的海事安全合作，卻一直默默的扮演著緊繫兩國關係的臍帶角色。在反恐新世紀中，中美的海事安全交流層面與內涵，則不斷擴大與深入。

第五章　合作與矛盾

中美兩國建交將近三十年，雙方關係受到敏感而不斷起伏的軍事交流影響，逐漸學會一套控制衝突、穩定關係的行為規範。而為探究軍事交流下，中美海事安全互動的發展趨向，必須分別先從中國及美國兩種不同的視角進行分析，才能了解影響雙方各層面關係發展的兩個互斥作用力。

第一節　美國擺盪中前進的對華政策

由於美國內部存在著三派對華政策的不同看法，影響了美國整體決策趨勢，但其堅守美國利益的基本原則一直未變。

美國實行的是民主政治，政府不時更迭，每逢政府改變，主導與執行外交政策的人物也隨之改變，而有不同的外交理念與做法。但目的都是在維護美國的國家利益[1]。美國對華政策一直在擺盪中前進。造成擺動的原因有二：三大美國國家利益之間的拉扯，以及影響美國對華政策六大族群之間的較勁。

三大美國國家利益係指「民主人權」、「戰略安全」及「經濟貿易」。三者性質不同，其中亦不無矛盾，華府不斷的調整其外交路線，以維持三大國家利益間的動態平衡，其結果是美國長遠的對華政策在基本大方向上反而維持不變。

---

[1]　傅建中，「美國外交政策的變與不變」，中國時報，2003 年 7 月 31 日，版 A13。

　　而影響美國對華政策六大族群，包括倚重北京的美國政府、學者精英、跨國企業，與批判北京的美國國會、美國媒體、民間團體。兩邊之間像在拔河般不斷的你來我往，有退有進[2]。

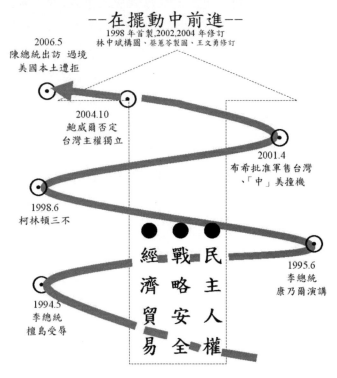

資料來源：林中斌，以智取勝，2007 年 12 月林教授再次修定後提供

圖 24　美國對華政策示意圖

2　林中斌，以智取勝，民間增修版（台北：全球防衛雜誌社，2005 年 1 月），頁 547。

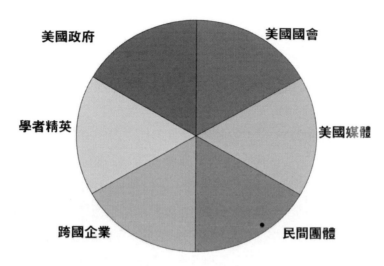

美國政府　美國國會

學者精英　美國媒體

跨國企業　民間團體

資料來源：林中斌，以智取勝

圖 25 影響美國對華政策之國內族群

美國擺盪中前進的對華政策，連帶影響到中美海事安全交流，乃至軍事關係的發展。例如 1989 年天安門事件發生後，中美海事安全交流一度趨緩。而 1999 年的考克斯報告，更對兩國的海洋科技交流造成負面影響，包括中共一些高科技訪團的赴美簽證遭到拒簽。而中共在《中美科學技術合作協定》聯委會中，所提出採購用於氣候中期預報的超級電腦，也花了九年的時間才買到。

除此之外，在美國的中國研究圈裡，對於中國政策存在有藍隊（the Blue Team）、紅隊（the Red Team）、火神隊（the Vulcans Team）三派不同的看法。藍隊強調中國威脅論，質疑柯林頓當政時期與北京謀求建設性夥伴關係的政策；紅隊相信中國可以「和平演變」，主張與北京積極合作；而火神隊則認為要與中國建立有益的關係。時

至 2002 上半年，美國的對華政策大致塵埃落定，結果是紅、藍隊靠兩邊，火神隊擺中間[3]。這也確立了後來中美海事安全交流採取合作為主軸的發展趨向。並加速了美國海岸防衛隊與中國的交流合作。

2006 年的美國國家安全戰略，再次顯露出新世紀美國的外交原則。其中提及美國的國家安全是建立在兩個支柱之上：第一個支柱是提升自由、正義與人類尊嚴，以及推展民主對於國際和平的重要；第二個支柱是領導國際民主社群所需面臨的跨國界挑戰，如傳染病、大規模毀滅性武器、恐怖主義、人口走私與自然災害等。為因應諸些挑戰，2006 年國家安全戰略主張對內進行機構與組織改革（如成立國土安全部、情報機構重整、軍務革命與軍事重新部署），對外則推動轉型外交、提升民主與強化伙伴關係與多邊主義[4]。這也包括位在十字路口的中國。由於中美在海洋管轄方面，存在共同的利益。所以美國與中共進行海事安全交流，並不存在抵觸的心理，也不會引發對立的情緒，是一個拉近彼此關係的絕佳切入點。

第二節　中共上兵伐謀的對美手段

中共領導人了解，與美國正面對抗是現階段不智之舉。如何以謀略及外交手段，一方面防止美國干擾中國崛起，一方面借用美國力量助己，是目前中共對美手段的基本指導原則。

3　林中斌，「美國台海政策雙重明確訂調」，中國時報，2003 年 1 月 9 日，版 11。
4　姚源明，「【專書評介】2006 年美國國家安全戰略」，中華歐亞基金會，2006年 5 月 10 日，http://www.fics.org.tw/issues/subject1.asp?sn=1851，2007 年 11月 19 日下載。

　　由於民族特性與政治制度的不同，中國較專注於國內穩定所面臨之挑戰，更勝於國際危機。而西方戰略學家則主張外交干預重於內政穩定[5]。所以中共對美政策的主要考量因素，是從如何穩定國內、維持發展的國家利益作為出發點。

　　對於中共來說，如何在 2020 年前達到全面建設小康社會，是當前最重要的戰略目標。哲包括確保海上交通線的安全、維護海洋利益及海洋領土主權。而美國則是中共是否能夠順利達成此目標，最重要的外部因素。中共要實現全面建設小康社會的目標，需要的是一個長期穩定的國際環境。

　　歷史告訴中共，改善與美國的關係，中國將受益良多。回顧中美建交後，最重要的是全面地打開了中國的外交局面，為中國 1979 年以來的改革開放營造了一個非常有利的國際環境。二十多年來，中國國內生產總值平均每年遞增 9.4% ，已成為世界第六大經濟體，第三大貿易國[6]。誠如美國副國務卿佐利克（Robert B. Zoellick）於 2005 年 9 月 21 日，在美中關係全國委員會上的演講中所說的，「中國巨龍出水，融入世界。無論在商品市場、服裝市場、電腦市場還是資本市場，人們每天都感受到中國的存在」。所以在「對等」為前提下，中共願意配合美國所提包括「貨櫃安全倡議」在內的海事安全交流合作需求。

---

[5]　John Wilson Lewis & Xue Litai, "The Threat of War, the Necessity of Peace", *Imagined Enemies: China Prepares for Uncertain War*(Stanford University Press, 2006), p24.

[6]　劉慧華，「轉型世界中的中美合作」，國際問題論壇（北京），2005 年冬季號（總第 41 期），電子檔見 http://www.irchina.org/news/view.asp?id=1156，2007 年 1 月 27 日下載。

　　孫子兵法所傳下來之經典名句：「上兵伐謀、其次伐交、其下攻城」，不斷提醒中共領導人，與美國正面交戰是下下之策。盡力避免與美國走向爆發軍事衝突的最後一步，才是符合中國最高的國家利益。所以在積極方面，中共期望通過海事安全交流，向美國宣傳中共和平發展的戰略，以爭取支持；在消極方面，中共可以透海事安全交流，減緩美國的阻撓、猜疑及因誤解而導致雙方衝突的發生，維繫雙方最基本的關係。

第三節　影響中美海事安全交流的兩個作用力

　　影響中美海事安全交流的兩個關鍵作用力是「共同利益」與「互信程度」。早期為共同對抗蘇聯的軍事威脅，中美建交後，全面開展海事安全乃至軍事等層面之交流。蘇聯瓦解後，導致雙方共同利益所形成的吸力減弱，及彼此間的不信任快速增加，多少影響了兩國的海事安全交流，造成了九十年代中美軍事交流擺盪的頻繁。

一、共同利益受國際環境影響較大

　　中美兩國之間所存在的共同戰略利益，受到國際環境與局勢的影響，時增時減。對中美海事安全交流發展而言，影響程度較大。

中美始終存在共同利益

　　冷戰時期的共同抗蘇，拉近了民主的美國，和共產的中國。雙方建立海軍與海關的初次互訪、簽訂《中美科學技術合作協定》、《中

美海洋和漁業科學技術合作議定書》、《中美大氣科學技術合作議定書》、中美海岸帶管理合作及海洋資料與情報合作等協議，即是在這個共同利益下展開。

而蘇聯解體後，美國不再需要中國的戰略合作，而且中國成了最大的社會主義國家，中美關係的基礎變得非常脆弱。1989 年天安門事件，中斷了中美軍事交流，卻沒完全中斷中美海事安全交流。中美在海洋和漁業科學技術方面合作，仍如涓流一般，持續進行著。這顯示出中美之間，一直存在著共同利益，只是不同時期的利益，有所不同。

深究其因，自改革開放以來，中共不斷提升的綜合國力，讓其國際地位水漲船高。加上中共是聯合國五大常任理事國之一，擁有不可輕忽的國際影響力。所以對於美國來說，諸如波灣情勢、朝鮮半島安全等棘手的國際問題，自然需要中共的一臂之力。

在 1997 年的《中美聯合聲明》中，中共即展露出其誠意，提到「中美作為亞太地區的大國，願加強合作，共同對付面臨的各種挑戰，為促進本地區的穩定與繁榮作出積極貢獻」[7]。雙方在維護朝鮮半島、中東、海灣和南亞等重要地區的和平與穩定，具有共同利益。

以伊拉克問題為例，美國在該地區的重建工作、需要包括中共在內的大國支持。而中共雖然一開始不支持美國攻打伊拉克，但也未如法、德、俄等國一般公開反對，讓中美合作有了轉圜的空間。另外美國也稱讚中共在伊朗核問題會議上，發揮了建設性的作用[8]。

---

[7] 「中美發表聯合聲明」，人民日報（北京）。

[8] 「美稱中俄在伊朗核問題會議上發揮了建設的作用」，新華網（北京），2007 年 12 月 4 日，見 http://military.china.com/zh_cn/news/568/20071102/14438611.html，2007 年 12 月 5 日下載。

　　而在北韓核武問題上，為避免形成中東反恐戰爭及北韓危機的兩面困局，造成美國全球戰略佈局的不利。中共對北韓的影響力，自然是美國極需借助的對象。對中共來說，同意出面組織六方會談，不但有助於解決北韓核武危機，塑造大國形象，又可以改善與美國的關係[9]。使得在不影響國家利益為前提下，運用自身的國際影響力，有限程度的支持美國在國際間的活動，成為中共改善兩國關係的重要助力。

當前最大的共同利益是反恐

　　冷戰時期，中美兩國的海事安全交流主要受益於對抗蘇聯對外軍事擴張的共同目標。蘇聯瓦解後，中美兩國的共同利益頓時減弱，但交流合作的基礎仍然存在。2001 年美國所發生的「911」恐怖攻擊事件，給了中美關係及時雨，適時的轉移了美國國家戰略的注意力，也讓中美形成新的共同利益。美國國防部長蓋茲（Robert Gates）便提到，中美在反恐、反核擴散和能源問題上，存有共同的利益[10]。

◆　美國為反恐與中國交流

　　對美國而言，2001 年 9 月 11 日，紐約世貿中心雙塔大樓、華府國防部等地，幾乎同時遭到恐怖份子劫持四架民航客機，進行自殺式撞擊行動。此震驚全球的恐怖攻擊事件，不僅造成傷亡慘重與巨額財產損失，遲滯美國經濟復甦腳步，且嚴重影響國際政治秩序

---

[9]　「有歧見的合作：現實主義下的『中』美關係」，中共年報（2005 年版），頁137-138。

[10]　「美國國防部長將訪華　對華軍事政策更重『信任』」，新華網（北京），2007年 11 月 2 日，見 http://military.china.com/zh_cn/news/568/20071102/14438611.html，2007 年 11 月 15 日下載。

和全球經濟發展[11]。「反恐」成為二十一世紀新的重心，美國戰略規劃上的先後次序及輕重緩急發生了明顯變化，並意識到其全球反恐需要世界各國之支持與合作。隨著中國綜合國力的增強，其在國際間的影響力也日益增加，特別是在防止大規模殺傷性武器擴散方面，與反恐急先鋒的美國，有著共同的目標。雙方致力於保持地區穩定，在制止南亞核軍備競賽、維護朝鮮半島的和平與穩定等領域進行了有效的合作[12]。與中國加強海事安全交流合作，是符合當前美國的利益。2006 年 11 月 8 日在北京所舉行的第三次中美戰略對話中，副國務卿伯恩斯（Nicholas Burns）便提到：「中美關係至關重要。兩國不僅可以推動雙邊關係，還可以就共同關心的其他問題交換意見，因為我們對全世界的和平與安全都負有責任」[13]。

蓋茲曾說過：「中國軍費增長的確說明中國正在增強其部隊能力……不過在某種意義上，我並不認為中國是美國的戰略敵人。在一些方面，中國是我們的夥伴，但是在另一些方面，中國也是美國的競爭對手。所以最簡單的辦法就是看看中國到底正在做什麼。我認為對我們來說，作為建立相互信任的方式之一，美國在各個方面同中國接觸是非常重要的」[14]。

---

[11] 張中勇，「美國『九一一』事件後國土安全作為對台灣安全的啟示」，頁 59。

[12] 「江主席主持隆重儀式歡迎克林頓總統（1998 年）」，人民日報（北京）。

[13] 「中美舉行戰略對話　美稱中美對全球安全負有責任」，新華網（北京），2006 年 11 月 8 日，見 http://big5.china.com/gate/big5/military.china.com/zh_cn/news/568/20061108/13730535.html，2007 年 11 月 9 日下載。

[14] 「美國防部長：中國不是美國的戰略敵人」，新浪網（北京），2007 年 3 月 12 日，電子檔見，http://www.people.com.cn/GB/shizheng/16/20020422/714879.html，2007 年 3 月 13 日下載。

　　美國之所以將中國看成是「利害關係者」，除了在經濟上需要中國的合作外，在反恐、防擴散，以及地區安全等事務上，更需要中國的合作。

◆　中國為反恐與美國合作

　　對中共而言，深受海盜、分離主義與恐怖攻擊危害的印度洋與南中國海，為中東石油等戰略資源運抵中國大陸的重要孔道[15]。所以反恐也成為中共當前的重要任務。近年中共為確保戰略資源無虞及海上運輸航道安全，積極與週邊國家建立友好關係。其次在軍事方面，2003 年起中共海軍藉非傳統安全領域的名義，順利與世界各國海軍來訪艦船舉行海上聯合反恐、搜救演習。2005 年起特遣編隊外訪期間，亦藉此名義舉行聯合演習。此均屬於海事安全交流中的「海軍合作」層面。中共以此成功經驗，擴展到與美國海軍交流，以汲取美國保護海事安全的經驗及能力，並維繫雙方交流關係。

　　此外，北太平洋是中國出口美洲的重要海上交通線，也是美國從阿拉斯加及本土西海岸通往遠東的重要航線。所以這條航線的安全，可以說是中美兩國共同利益之一。惟由於受緯度及寒流的影響，長期以來，這片海域由於缺乏有效管理，不僅經常發生海難，而且還有大批的走私和販毒活動。「911」事件以後，為有效協調海上執法活動，加強東北亞各國海上安全合作，防範國際恐怖活動，自 2002 年起，中國先後五次派出漁政執法船到北太平洋公海，與美國海岸防衛隊及日本、韓國、俄羅斯等西太平洋國家艦艇開展聯合編隊巡航。同時，美國海岸防衛隊司令科林斯上將也先後三次率團訪華，

15　達巍，「中國的海洋安全戰略」，頁 357。

與中國進行交流，雙方初步達成了交換人員聯合巡邏北太平洋的協議。在 2006 年 6 月 11 日，更促成美國海岸防衛隊「急流」號執法船對中國進行的歷史性訪問，並載上中國漁業執法官員聯合巡邏北太平洋[16]。中美兩國及其他國家在北太平洋的聯合執法巡邏，已然在無意間顯露出國際海警機構的「千艦海軍」了。

　　「反恐」成了中美當前的共同語言。海事安全交流則順勢加溫兩國軍事關係的發展。

二、互信程度因各有盤算較難突破

　　毋庸諱言，屬於海事安全交流領域的「海軍合作」，難脫敏感而脆弱的中美軍事關係。其中最大的斥力在於雙方各懷鬼胎，導致互信基礎不足。

美國對中共信任不足

　　儘管 2005 年，中共史無前例的同意美國國防部長倫斯斐參訪第二炮兵司令部，但卻不允許他前往相當於中國五角大廈的西山軍事指揮中心[17]。加上解放軍軍力透明化、武器輸出及軍費成長等問題，一直未能獲得美國滿意，所以美國對於中共的信任一直不足。這也多少影響到兩國的「海軍合作」。

---

[16]　「擔任船上指揮官　聯合巡查太平洋」。

[17]　「倫斯斐今會胡錦濤，談台海問題」，聯合報，2005 年 10 月 19 日，版 A13。

◆　解放軍積極外擴近海防禦的戰略縱深

中共海軍自力建造，或向俄羅斯採購，多艘的新式核潛艇、柴電潛艦、驅逐艦，甚至航母等[18]，以尋求突破第二島鏈的戰略企圖，也讓中美海軍合作徒蒙陰影。此外，除了近期積極發展的反衛星技術[19]，及其他可以攻擊駐日美軍的中、長程彈道飛彈，解放軍為了備戰台海戰事，也正在調整針對美軍的「反介入」戰術，著手發展用於攻擊美國航空母艦，射程達 1,500 至 2,500 公里的東風 21 型對艦彈道飛彈[20]。此外，麻六甲海域是目前海上恐怖主義猖獗的地區，但與美國同樣具有反恐需求的中共，卻因憂心美國掌控自身的能源命脈，而暗阻美軍勢力介入。讓美國徒增對中共反恐合作誠意的疑慮。

◆　中共暗中資助流氓國家

在防擴散及對外軍售問題方面，中共不但因出口武器給蘇丹、尼泊爾、緬甸等國家獨裁者，而被國際特赦組織（Amnesty International）列為全世界最不負責任的武器出口國[21]。更讓美國對於其恣意軍售如伊朗[22]、北韓、玻利維亞左派政府、緬甸等反美國

---

[18] 「建造航母的理由　中共軍方稱海洋邊界長需相應武力」，中國時報，2007年 2 月 16 日，版 A13。

[19] 亓樂義，「中共試射『衛星殺手』全球震驚」，中國時報，2007 年 1 月 20 日，版 A17。

[20] 「日媒：中國研製射程 2500 公里的反航母導彈」，參考消息（北京），2007年 5 月 17 日，電子檔見 http://mil.eastday.com/m/20070517/u1a2838025.html，2007 年 5 月 20 日下載。

[21] 「中國推銷武器，助長他國暴亂」，蘋果日報，2006 年 6 月 13 日，版 AA5。

[22] 「美國空中上校眼裏的中國巡航導彈實力」，中華網（北京），2007 年 5 月10 日，http://www.xinjunshi.com/Article/wangyou/200705/4553.htm，2007 年 5月 20 日下載。

家，十分不滿[23]。並不斷監控及查封中國銷外的武器，包括 2003 年 7 月所查封一批準備運往薩爾瓦多的軍火[24]。其中還包括可投射大規模殺傷性武器的地對地飛彈。這使得中美雙方矛盾一直未解。

　　美國智庫國際評估策略中心（InternationalAssessment and Strategy Center）的費雪（Richard Fisher）曾說過：「中國就他們本身而言跨出了一小步，但沒有跡象顯示，他們準備展開如同美國和歐洲的軍事透明化新時代。不僅中國核子飛彈目前瞄準美國大陸，中國新軍力的整個佈局顯然也以美國為假想敵」[25]，道出了美國對於中國崛起的憂心與不信任。

◆　中共防美軍偵察動作逐漸增大

　　2001 年的兩國軍機在南海所發生的擦撞事件，即是中共粗暴反擊美軍偵察行動所導致的結果。而在近年中美兩軍積極進行合作的同時，彼此卻仍默默在進行軍事測量船的偵察與反偵察較量。2002 年 9 月，經常在中國附近海域出沒的美軍「鮑迪奇（Bowditch AGS-62）」號測量船闖入中國黃海專屬經濟區海域從事監聽、偵察等間諜行為。中共海軍及海監部門的艦艇和飛機至少實施了六次攔截和尾隨監視，並數次發出信號要求美國軍艦停止作業、離開此一海域。實際上「鮑迪奇」號當時正在距離中國海岸約 60 浬的海域，進行海底地形測繪，同時用拖曳式聲納實施水下監聽作業。在中共多次警告無效後，一艘正在附近海面作業的中國漁船「碰巧」撞上「鮑

---

[23]　「中共售玻飛彈，美不悅」，中國時報，2006 年 3 月 1 日，版 A13。

[24]　「美海關查封中國銷外武器」，中國時報，2003 年 7 月 12 日，版 A13。

[25]　「美專家：中共未採行動化解美對其擴軍的關切」，大紀元，2005 年 10 月 22 日，http://www.epochtimes.com/b5/5/10/22/n1094232.htm，2007 年 5 月 16 日下載。

迪奇」號的拖曳式聲納，並將聲納上的水下聽音器撞壞。監聽不成的「鮑迪奇」號只好離開了黃海海域，駛回設在日本的基地進行維修。據中國海監部門統計，這次監視與反監視的爭端長達二十三天。

　　此事件並未中止美國對中國的海域偵察。2003 年，美國的海軍測量船「黑森（Henson, AGS-63）」號和海軍電子偵察船「常勝（Victorious, AGOS-19）」號，相繼進入中國鄰近海域進行海測；2004年，美國海軍「常勝」號和「效率（Effective, AGOS-21）」號測量船也出現在黃海、東海中國專屬經濟區；2005，美國海軍電子情報偵察船「瑪麗‧西爾斯（Mary-Sears, AGS-65）」號、海洋調查船「約翰麥科唐納（John McDonnell, T-AGS-51）」號、雙體水聲監聽船「忠誠（Stalwart, AGOS-1）」號則分別進入東海及黃海海域從事海測及偵察活動。對此，中共並向美國提出嚴正抗議。

資料來源：人民網（北京）

圖 26　「鮑迪奇」號測量船

中共對美國信任不夠

中共體認到冷戰結束後，無論美國如何表述其對中美關係的定位，美國一直對中共採取防範加接觸的兩手策略。近年來，美國在推進兩國海事安全，及至軍事交流的同時，加緊調整亞太軍事佈署、強化美日軍事同盟、提升美台軍事合作關係、阻撓歐盟解除對中共武器禁運、壓制其他國家對中共武器出口、甚至擴大限制可能轉用於軍事方面的製品和技術出口到中國大陸等[26]。對中共防範與戰略遏制的積極作法，讓中共難以完全信任美國。

◆ 美國軍力也未盡透明

除此之外，中共認為美國一直指責解放軍軍備發展不夠透明，希望通過軍事交流來近距離地觀察中國軍事力量的發展狀況，及時掌握中國軍事現代化的最新進展，但又擔心兩軍的交流與合作會加快中國軍隊的技術進步[27]。但當兩軍進行「海軍合作」，中共受邀派員觀摩美國海軍關島演習過程中，也只能在觀摩室中通過電腦和大屏幕瞭解美軍提供的演習情況。而關於演習的背景設定、方案設計和行動方式，美方均未透露[28]。美國對中共的防範作為，讓北京了解，即便是屬於海事安全交流的中美「海軍合作」的性質和深度，也難與美國和其盟國間的交流與合作相提並論。

---

[26] 「中共毀衛星，美擬緊縮出口管制」，聯合報，2007 年 1 月 28 日，版 A13。

[27] 史緒文，「佩斯訪華：中美軍事關係新的發展」，學習時報（北京），2007 年 4 月，http://www.studytimes.com.cn/txt/2007-04/09/content_8088294.htm，2007 年 4 月 16 日下載。

[28] 施子中，「中共觀摩關島美軍演習之意涵」，中華歐亞基金會通訊專論，2006 年 8 月 10 日，http://www.fics.org.tw/issues/subject1.asp?sn=1403，2007 年 5 月 24 日下載。

◆　美國仍對中國設防

　　此外，在美國大力防止核武器擴散的時候，不但接受了印度擁有核武器的現實，而且主動提議加強與印度的核技術合作，其企圖是在扶植印度，以制衡中國[29]。而美國海軍在中國周邊海域所進行的偵察行動，對中共海軍，尤其是潛艇部隊的海上戰場建設構成了嚴重威脅。眾所周知，軍事海洋測量船擔負海洋環境要素探測、海洋軍事學科調查，和特定海洋參數測量的任務。由於掌握包括海底地形地貌、海洋重力、海流等在內的海洋環境資訊，是海軍艦艇實施海上作戰的基本前提，因此美軍測量船往往出沒於世界各大洋水域，成為美國海軍平時獲取敏感戰場資訊的主要來源。美國測量船出沒中國周邊海域的目的，不言而喻。大量事實說明，美國在其全球海洋戰略的規劃下，已把中國週遭海域，列為海洋測量和海洋戰場的準備工作重點[30]。

　　這難免讓中共有所不悅。所以中共雖然在 1997 年的《中美聯合聲明》中，同意就防擴散議題進行合作[31]，但對於小布希總統所提出的「防擴散安全倡議」卻持觀望態度。一部分關鍵因素，在於「防擴散安全倡議」未盡符合 1998 年，柯林頓訪華所提：「在『平等和

---

[29] 劉慧華，「轉型世界中的中美合作」。

[30] 「維護國家海洋權益　中國建立東海定期巡航制度」，新華網（北京）。

[31] 包括雙方同意致力於促使《全面禁止核子試驗條約》盡早生效、同意在聯合國裁軍談判會議上尋求早日就《禁止生產用於核武器和其他核爆炸裝置的裂變材料公約》開始正式談判、重申雙方不向未接受保障監督的核設施和核爆炸項目提供任何幫助的承諾、中美兩國將繼續加強對核和雙用途材料及相關技術的嚴格控制、中美兩國同意在多邊框架內就執行《禁止化學武器公約》進行合作、中美兩國同意在 1994 年關於飛彈不擴散問題的聯合聲明的基礎上繼續努力、雙方重申各自對《飛彈及其技術控制制度》準則和參數已作出的承諾。

相互尊重」的基礎上，繼續進行關於全球安全和防擴散問題的對話，以促進地區和世界的和平、安全和穩定」[32]。透露出中共對美國所提之海事安全交流需求，並非一廂情願、全然接受。

◆ 關鍵的台灣問題

美國強大的海事安全力量和其在亞洲地區的軍事存在，依然是對中國未來國家安全的主要威脅。而台灣問題更是兩國交流所無法逃避的關鍵。對中共來說，台灣問題事關其核心利益，是非常敏感的問題，不可能妥協。中共認為美國依據《台灣關係法》，不斷售台先進武器，著實干涉了「中國內政」。而美國雖然在《八一七公報》中，承諾對台軍售在數量和品質上逐年減少和降低，但在實際做法上卻是南轅北轍；美國認可海峽兩岸同屬一個中國，卻把《美日安保條約》的安保範圍涵蓋台灣[33]，也讓中共跳腳。

三、作用力消長，影響中美海事安全交流發展

由於中美間，「共同利益」與「互信程度」的強弱，左右中美關係的發展。當「共同利益」多、「互信程度」高時，兩國海事安全交流發展便日益熱絡。反之，當「共同利益」少、「互信程度」低時，兩國海事安全交流發展便只能維持基本發展。最明顯的例子是冷戰後期兩國的海事安全交流，曾出現短暫的受阻。只是「共同利益」受國際環境或局勢影響較大，但中美「互信程度」卻因各懷鬼胎，而較難有突破性的起伏。

---

[32] 「江主席主持隆重儀式歡迎克林頓總統（1998年）」，人民日報（北京）。
[33] 劉慧華，「轉型世界中的中美合作」。

　　雖然中美兩國簽有《海上軍事磋商協定》，但卻未對引發海上機艦意外的各項行為進行嚴格規範，且中美雙方的認知存有相當大的差異，所以仍發生諸如 2001 年 4 月軍機擦撞事件，以及 2002 年的「鮑迪奇」號事件。特別的是 2001 年的軍機擦撞事件，嚴重到影響中美兩國的關係；但 2002 年的「鮑迪奇」號事件，卻悄悄收場。這顯示儘管在某些問題上存在根本性的利益衝突，但只要仍然有利益的交匯，雙方就有可能在既不向對方示弱又不犧牲自身核心利益的情況下進行某種程度的妥協與合作。

　　值得一提的是，美國和中國的了解不夠，主要是文化上和思想上的差異，尤其是意識形態上和制度上的不同。美國是基督教文明中宗教性最強的民族，也是一個自認對推動和維護自由、民主和人權責無旁貸的國家。中國則是一個東方文明的古國，也是一個剛剛擺脫了帝國主義欺壓和凌辱的開發中國家[34]。所以互信不足的基礎原因不會消失，因此中美兩國不可能走向如英美兩國一般的同盟關係。而由於中美間始終存在著共同利益，所以兩國交戰的機會是微乎其微。

第四節　未來趨向──合作成目前主軸

　　檢證中共與美國海事安全互動關係的發展脈絡，兩個互拉作用力之消長，牽引著兩國交流的走向（如圖 27）。目前中共仍是以經

---

[34] 關中，「十年必辯，十年必變──五十年美國對華政策的轉折」，國政研究報告（財團法人國家政策研究基金會），2002 年 4 月 1 日，http://old.npf.org.tw/ PUBLICATION/IA/091/IA-R-091-032.htm，2007 年 5 月 20 日下載。

濟發展為首要任務，發展經濟需要一個和平穩定的國內、外環境。美國是後冷戰時期最具影響力的唯一霸權，在美國霸權下的全球秩序中，中共基本上是一個既得利益者，與美國合作符合中共發展經濟的需求，透過與美國的合作，中共可以建構一個更有利於國內發展的和平穩定國際環境，也可以提升中共的國際地位，同時還可以透過美國對台獨施壓[35]。

近年來中共對美國所釋出的善意，隱約透露出中共想在擺盪的中美關係中，尋求穩定。加上目前不見反恐的共同利益減弱，所以目前仍以合作為主軸。而中共成為最大的受益者，藉此逐漸壯大海事力量。

一、美國對華採取合作為主軸立場未變

事實上，中共在 2007 年前所進行的二次反衛星武器試射活動，早已被美國情報部門所掌握，但卻遲至 2007 年 1 月第三次且成功的試射，美國才間接對外透露。而 2007 年 1 月中共反衛星試射風波後，未影響到中美海事安全交流的海軍合作，顯現出雖然美國對於中共，雖然仍存有很深的戰略顧慮，但不影響目前美中建立「利害關係者」的合作關係，及對華政策主軸[36]。

美國新任國防部長蓋茲，在 2006 年 11 月底向國會表示，美國在軍事上必須預作準備，以便中共如果武力攻打台灣，能加以抵禦；另一方面卻又讚揚中共在「核子擴散上的表現有進步」以及「透明

---

[35] 「有歧見的合作：現實主義下的『中』美關係」，中共年報（2005 年版），頁 144。
[36] 亓樂義，「為穩定中國政策，美決保密情蒐」，中國時報，2007 年 4 月 25 日，版 A13。

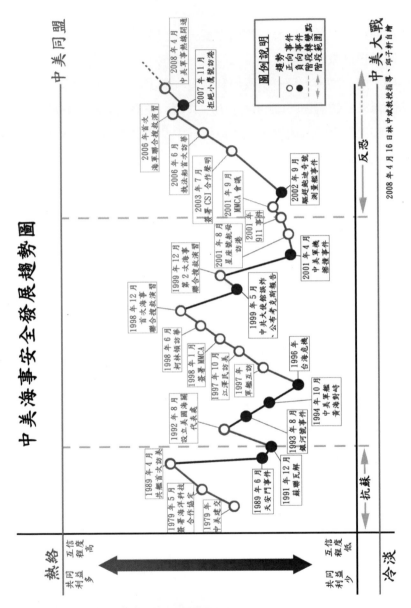

圖27　中美海事安全發展趨勢圖

度增加」[37]。除此之外，2007 年美軍太平洋軍區司令基廷，才剛在
1 月份對於中共試射反衛星飛彈提出嚴正批評，且美國也因此中止
包括聯合探月行動在內的美中太空合作等計畫[38]。然而到了 5 月，
基廷在就任後首次訪華，一反先前態度表示，他理解中國建造航母
的意圖，美國願意提供協助之說法[39]。

　　從上可以明顯看出，在美國心目中，中國是個崛起中的大國，
同時也是最大的「轉型國家」和「處在戰略十字路口的國家」。能否
轉型成功，對美國的全球戰略來說是至關重要的。加強對中國的「轉
型外交」，既可以通過擴大接觸、交往來影響中國，促使中國向美國
所期望的方向走，而且還可以促進中國在反恐、防擴、經貿、能源、
地區安全、全球事務等方面同美國合作，最終將中國塑造成負責任
的「利害關係者」。

　　美國對華政策擺盪的基本原則不變，只是目前由火神派佔上
風，「交往」仍為目前美國對華政策的主軸。中美各個層面的交流合
作，也建立起相對的溝通管道。目前各個溝通管道順暢，即使兩國
有所衝突，也能適時化解。而美國對華政策的重心，已經擺盪到中
國那邊。對華採取合作為主軸的立場仍未改變。所以短期內中美海
事安全互動，仍將朝正向發展。

---

[37] 「美國防部長提名人蓋茲：美須軍事預備　抵禦中國攻台」，自由時報，2006
　　年 11 月 30 日，http://www.libertytimes.com.tw/2006/new/nov/30/today-p9.htm，
　　2007 年 5 月 16 日下載。
[38] 「美叫停與中太空合作計畫」，中國時報，2007 年 2 月 3 日，版 A17。
[39] 「中共研發航母，美理解願協助」，中國時報，2007 年 5 月 14 日，版 A13。

二、中共嘗試主動配合、力求兩國關係穩定

　　中美在歷經三次影響兩國關係的重大起伏後，各自吸取教訓，在安全和軍事領域中逐漸磨合出一套控制衝突、防止戰爭、保持彼此關係相對穩定的心照不宣之規範，從而理性地處理和控制兩國關係的發展。中共了解目前美國對華政策的重心已經擺盪到中國這邊，也深知自己在穩定兩國關係中所扮演的角色。所以在不過多表露意圖及戰略目的的前提下[40]，中共近來對於美國部份的指責，導致雙方互信不足之處，嘗試著主動配合，這包括同意加入「貨櫃安全倡議」、在中美 2006 年海上聯合搜救演習中，同意採用《實驗戰術 1000 海上機動和戰術程序（EXTAC1000）》、《海上意外相遇規則（CUES）》等準則，以及在其他軍事方面的部分透明化。

　　除此之外，中共在受到美國民間人士的影響下，也調整了部分的外交政策。這包括縱使史蒂芬史匹柏（Steven Spielberg）最後仍堅辭北京奧運顧問[41]，但先前胡錦濤在收到其所寫的信後，的確對蘇丹政府的態度有微妙的轉變。從以往的阻撓聯合國安理會對於蘇丹的制裁案，到目前譴責達爾富（Darfur）大屠殺[42]，並派出工兵部隊到該地區[43]。只是因為蘇丹是中共石油最大進口國，所以該批工

[40] 亓樂義，「中 2010 年能摧毀美軍事衛星」，中國時報，2007 年 5 月 26 日，版 A14。

[41] 亓樂義，「史蒂芬史匹柏　辭北京奧運顧問」，中國時報，2008 年 2 月 14 日，版 A5。

[42] 「女星米亞法蘿，改變中共外交政策」，中國時報，2007 年 4 月 15 日，版 A13。

[43] 「政策調整？中共派工兵到達富爾」，聯合報，2007 年 5 月 9 日，版 A13。

程部隊將不會參加軍事行動[44]。種種脈絡，不斷指向一個企圖穩定與美國關係的中共。

對中國來說，和平發展是當前最重要的目標。美國是中國是否能夠實現和平發展最重要的外部因素。所以透過與美國非傳統安全領域的海事安全交流，除可推動軍事交流外，亦可以增加交流管道，宣傳中共和平發展的意圖，對保持中美關係穩定發展具有一定效用。

三、非吳下阿蒙的中共海事力量

而中共的另一股崛起力量－海事安全力量，也正藉由非傳統安全領域的合作，而逐漸壯大。

中共深刻體認到單以海軍來防衛近岸乃至近海經濟海域的安全，將使中共海上防衛力量抓襟見肘，難以提供充分的安全保障。所以為維護國家發展利益和安全邊界的擴展，除持續強化海洋意識、發展海洋戰略外，中共近來所積極籌建的海洋執法力量，及透過中美海事安全交流所強化的中共海洋執法經驗，讓中共海洋力量不斷提升，而顯得自信。

這個自信展露在中共近期對於東海、南海主權歸屬的立場愈趨強硬，哪怕是對已在 2004 年 6 月 30 日，簽定《中越北部灣劃界協定》和《中越北部灣漁業合作協定》的越南。該協定的生效，曾被認為會推進兩國在其他領域的合作增進兩國的政治互信，並對中越

---

[44] 「海外關注中國向蘇丹派工兵」，新華網（北京），2007 年 5 月 14 日，http://big5.xinhuanet.com/gate/big5/news.xinhuanet.com/herald/2007-05/14/content_6096541.htm，2007 年 5 月 22 日下載。

關係的長期穩定發展具有重要意義[45]。但兩國仍在 2007 年 7 月 9 日發生漁業爭端。當時中共在南中國海水域,向越界捕魚的越南漁船射擊,並擊沉打沉越南漁船,導致一名越南漁民死亡[46]。此外,中共海軍近年來在南海地區的演習也逐漸頻繁到引起越南的抗議。儘管如此,中共認為:「中國對西沙群島及其附近島嶼擁有無可爭辯的主權,中越在此問題上不存在任何爭議。中國海軍在西沙群島海域進行例行訓練,完全是在中國海域內進行的正常活動,是中國主權範圍內的事情」[47]。

此外中日領海主權爭議、中韓蘇岩礁爭議也未停歇。日本媒體就指出,中國在目前的尖閣群島(釣魚台)問題上,出人意料的出現的蠻橫態度。中國已經兩次拒絕就此問題展開磋商。而早期中國領導人鄧小平所提二十年以後再談的承諾,就此被忽視,這是中國背叛自己誓言的證據[48]。此外,中共也不斷派出海監船前往蘇岩礁,而引起南韓的抗議。

刻意淡化「主權在我」,採以「擱置爭議,加強合作,共同開發」為主,一直是中共在以經濟為發展重點的機遇期中,處理海洋爭議區域及事件的最高指導原則。只是近年來,在彼消我長之際,中共將逐漸把重點移回強化「主權在我」的立場。最明顯的例子,就是

---

[45] 「淺談國家海洋維權執法」,中國海洋報(北京),2005 年 3 月 18 日,http://www.scssinfo.com/HYGL/news/Gl_0186.htm,2007 年 1 月 26 日下載。

[46] 「南中國海主權之爭何去何從」,美國之音中文網(北京)。

[47] 「中國表態:越南毫無道理抗議中國西沙軍演」,人民網(北京),2007 年 11 月 28 日,http://military.china.com/zh_cn/important/64/20071128/14506078.html,2007 年 12 月 5 日下載。

[48] 「日本:中國(釣魚島)態度突然蠻橫」,新浪軍事(北京),2007 年 11 月 2 日,http://www.tycool.com/2007/11/02/00057.html,2007 年 12 月 13 日下載。

近年來中共對於南海所據島礁的積極建設，並在南沙渚碧礁新建雷達站（如圖28）。此舉，除將可提供共軍南海地區早期預警能力外，並存有濃厚的主權宣示意義。這將使東海及南海的爭端，日益浮上檯面。

此外，中共所積極進行的近海海洋綜合調查與評價（908專項），對外美其名為更新前二次調查的舊有資料，以發展海洋經濟，達成海洋開發戰略佈署。但事實上，中共一方面是想要趕在2009年截止日期前，向聯合國提出主權登記。因為中共只要測出海域上爭議島嶼的地質、岩層與領土同源，這些島嶼不用花一兵一卒，將歸中國大陸所有[49]。另一方面，則和美、台較勁，作為海上戰場的準備。為支持海軍逐步增大近海防禦的戰略縱深而努力。只是中國所謂的「近海」，是否已經外擴至第二島鏈，只有解放軍自己最清楚了。

資料來源：超級大本營軍事論壇（北京）

圖28　中共於南沙所據渚碧礁新建雷達站

---

[49] 「大陸積極海測　我反其道而行」，中國時報，2005年6月29日。

第五節　小結

各取所需的海事安全交流

中美這兩個同床異夢的大國，雖然各自對於海事安全交流的
需求與盤算不同，但只要能從中獲取利益，則交流不會中斷。

1990年代，蘇聯瓦解後，美國與中共失去了當年建交時的一個
重要的共同目標－遏制蘇聯的擴張。當時成為世界獨強的美國，願
意與中共繼續進行軍事交流的目的，一方面是海事安全交流所發揮
的調節功能；另一方面希望藉由接觸，以了解這個在西太平洋地區
仍具有舉足輕重角色的解放軍。而同一時期的海事安全交流，則維
持建交後的穩定發展。

為達成新世紀反恐的戰略目標，除對內進行組織改革外，美國
把國際合作擺在第一位。所以美國希望在聯合國安理會中具有決定
性因素的中國，也能支持其新的海事安全作為。這包括「貨櫃安全
倡議」、「防擴散安全倡議」、「千艦海軍」計劃，及反恐相關國際法
令的修正案等。

而茁壯的海洋執法與防衛能力，將是中共發展海洋經濟、強大
中共綜合國力的堅強後盾。所以中共對內將持續強化海洋執法力
量，以求完整海上防衛能力；對外則透過海域行政執法機關及海軍，
與具有相同海上非傳統安全領域的反恐需求的美國，進行交流與合
作，以借鑑其豐富的海事經驗與強大的海事力量。一方面穩固中美
兩國關係，一方面則彌補自身海事安全能力的不足。

　　只是中美這兩個貌合神離的國家，原本就難消彌彼此心中的疑慮。2007 年 11 月，又發生中共拒絕美國「小鷹」號航母、兩艘掃雷艦、一艘巡防艦及一架運輸機，進入香港的事件[50]。雖然 2008 年 4 月中共終於同意美國航母訪港，但這對中美「海軍合作」已造成一定之衝擊。只是兩國在這段時期的共同利益仍舊未減，且各層面溝通管道順暢。中美在其他層面的海事安全交流，將會在各取所需下持續進行。

---

[50] 「中國一周三度拒美艦訪港」，蘋果日報，2007 年 12 月 2 日，版 A24。

第六章　結論

2001年美國小布希總統上台初期，重新定位美中關係，將中共視為「戰略競爭對手」，宣佈重新評估兩國軍事交流計畫。同年4月1日在海南島附近，又發生美國EP-3E偵察機與中共殲八戰鬥機擦撞事件，使得中美兩國軍事交流降至冰點。

然而2006年「急流」號執法船的首次訪華，以及中美海軍的首次聯合搜救演習，說明彼此早已藉由海事安全交流，順利突破2001年軍機擦撞事件所造成的軍事交流困境。這是因為中美海事安全互動，兼具有不同程度的民間與官方性質交流層面，而形成如蓄水池般的調節功能。在後冷戰時期這段中美關係震盪期中，恰好取代軍事交流的敏感性。諸如自中美建交以來所持續簽署與執行的《中美科學技術合作協定》、《中美海洋和漁業科學技術合作議定書》，即發揮了穩定功能；而在兩國關係好轉時，海事安全交流扮演著催化軍事交流的角色，並促成2006年的中美海上聯合搜救演習，及2007年「西太平洋海軍論壇」多國間聯合軍事演習。

隨著中國綜合國力的不斷增強，其在國際間的影響力也日益增加，特別是在防止大規模殺傷性武器擴散方面，與反恐急先鋒的美國，有著共同的目標。與中國加強海事安全交流合作，是符合當前美國的利益。美國之所以將中國看成是「利害關係者」，除了在經濟上需要中國的合作外，在反恐、防擴散，以及地區安全等事務上，更需要中國的合作。對逐步邁向海洋的中共而言，深受海盜、分離主義與恐怖攻擊危害的印度洋與南中國海，為中東石油等戰略資源

運抵中國大陸的重要孔道。所以反恐也成為中共當前的重要任務，而不得不與同屬亞太大國的美國合作。

在彼此各取所需的考量下，近年來中美藉由兩國直接的海事安全交流，以及透過國際場合，所進行的間接交流，讓兩國交流層面逐漸擴大。這包括中美兩國海軍、海上執法機構的人員與艦艇互訪、各項海事安全交流合作協議、兩國聯合執法，與海事機構演習等，直接促進了中美海事安全的交流。而諸如中美兩國海上執法機構均有加入的「北太平洋海上警務執法機構會議」，以及兩國海事機構所共同參與的西北太平洋海事會議、亞太經濟合作組織海洋部長級會議、亞洲安全會議、2005年首屆國際海洋城市論壇、2007年太平洋論壇等，不同層面、豐富而多樣的間接交流，更使得中美的海事安全合作，有了更寬廣的面向。

美國的海事安全力量仍是當今世界最強。但由於需要中共在全球反恐與擴散體制上的合作，使得主控權似乎已掌握在北京之手。中共同意加入「貨櫃安全倡議」，並不代表北京對於華府所提的海事安全交流會照單全收。當前「防擴散安全倡議」、「千艦海軍」計劃進展受阻的情況下，美國海岸防衛隊已成為推動中美兩國建立海上合作關係的先鋒。但事實上，中美兩國及其他國家海洋執法機關在北太平洋的聯合執法巡邏，早已有了「千艦海軍」的影子。

目前中共仍是以經濟發展為首要任務，發展經濟需要一個和平穩定的國內、外環境。美國是後冷戰時期最具影響力的唯一霸權，在美國霸權下的全球秩序中，中共基本上是一個既得利益者，與美國合作符合中共發展經濟的需求。透過與美國的合作，中共可以消除「中國威脅論」、減低和平崛起的障礙，建構一個更有利於國內發

展的和平穩定國際環境，也可以提升中共的國際地位，同時還可以透過美國對台獨施壓。而到頭來，受益最大的恐怕是中國了。

而美國對華政策擺盪的基本原則不變。雖然美國發展中的「深水計畫」及「廣域海上監視系統」，某種程度是為了監視崛起的中國，但「交往」仍為目前美國對華政策的主軸。中美在各個層面的交流合作，也建立起相對的溝通管道。所以即使兩國有所衝突，相信也能適時化解。2007 年底的「小鷹」號事件就是一個例子，最後該事件並未對中美關係造成太大衝擊，而中共在 2008 年 4 月也再度同意美國航母訪問香港。所以相信短期之內，中美海事安全互動，仍將朝正向發展。

此外，中共的另一股崛起力量－海洋執法力量，正默默藉由與美國之間非傳統安全領域的合作及自身努力，而逐漸壯大，以填補海軍因軍力向外擴張後，所形成的近岸防禦空隙。一方面汲取美國成熟的海上執法經驗，及豐富海洋科學技術；另一方面則積極籌建海洋執法力量，及加強南海在內沿海戰略科建設與科學調查。茁壯的中共海事安全力量，讓中共顯得自信，而對領海主權爭端，更強化「主權在我」的意識，造成與鄰國的小衝突不斷增加。但目前中共仍以「和諧世界」為主軸，這使得短期內中國與鄰國間的合作與爭議互見。

崛起的中國龍，與翱翔天際美國鷹，心中雖然各有所盤算，但在非傳統安全威脅日增的二十一世紀國際局勢下，中美的海事安全互動將持續進行，龍與鷹將繼續牽手共舞。

參考書目

一、中文部分

（一）政府出版品

1. 許惠祐主編，台灣海洋（台北：中華民國海巡署，2005 年 8 月）
2. 中共年報（台北：中共研究雜誌社）
3. 中國統計年鑑（北京：中華人民共和國國家統計局）
4. 「中國的國防」白皮書（1995、1998、2000、2002、2004、2006 年分別發布於中華人民共和國中央政府網站）

（二）專書

1. 中國現代國際關係研究院海上通道安全課題組，海上通道安全與國際合作（北京：時事出版社，2006 年 6 月）
2. 李培志編譯，美國海岸警衛隊（北京：社會科學文獻出版社，2005 年 11 月）
3. 汪毓瑋著，國際重要恐怖活動與各國反制作為大事紀（2005 年 6 月 1 日至 2005 年 12 月 31 日）（台北：幼獅文化事業股份有限公司，2006 年 7 月）
4. 汪毓瑋著，國際重要恐怖活動與各國反制作為大事紀（2006 年 1 月 1 日至 2006 年 6 月 30 日）（台北：幼獅文化事業股份有限公司，2007 年 4 月）
5. 汪毓瑋著，新安全威脅下之國家情報工作研究（台北：財團法人兩

岸交流遠景基金會，2003 年 3 月）

6. 林中斌，以智取勝（台北：全球防衛雜誌社，1999 年 2 月）

7. 林中斌，核霸：透視跨世紀中共戰略武力（台北：學生書局，1999 年 2 月）

8. 馬漢，海權論（北京：中國言實出版社，1997 年版）

9. 陶文釗著，中美關係史（下卷，1972-2000）（上海：人民出版社，2004 年 7 月）

10. 塞繆爾・亨亭頓，文明的衝突與世界秩序的重建（北京：時事出版社，2003 年版）

11. 楊金森著，中國海洋戰略研究文集（北京：海軍出版社，2006 年 6 月）

12. 謝・格・戈爾什科夫，國家海上威力（北京：海洋出版社，1985 年版）

13. 邊子光，海洋巡防理論與實務（台北：中央警察大學出版社，2005 年 2 月）

（三）期刊

1. 「中共石油安全問題及其戰略」，中共年報（2005 年版），（台北：中共研究雜誌社，2005 年 6 月）

2. 「有歧見的合作：現實主義下的『中』美關係」，中共年報（2005 年版），（台北：中共研究雜誌社，2005 年 6 月）

3. 丁樹範，「九一一事件後美台軍事關係的發展」，國際事務季刊，第 2 期（2002 年春季刊）

4. 王曙光，「準確把握海洋管理工作的重大意義」，中國海洋報（北京），第 1407 期

5. 石名昇，「美國國土安全部暨聯邦緊急災變管理署介紹」，消防月刊，2002 年 11 月

6.　任向群、彭光謙，「構建新型的建設性中美軍事關係」，中國評論（香港），第 110 期（2007 年 2 月）

7.　任曉，「安全──一項概念史的研究」，外交評論──外交學院學報，2006 年第 5 期

8.　吳衛，「中共近年對外軍事交流發展初探」，陸軍月刊，第 41 卷第 481 期（2005 年 9 月 1 日）

9.　宋燕輝，「亞太國家接受與海事安全相關國際規範現況之研究」，台灣國際法季刊（2004 年 10 月）

10.　宋燕輝，「東協與中共協商南海區域行為準則及對我可能影響」，問題與研究，第 39 卷第 4 期（2000 年 4 月）

11.　李文志，「全球化對亞太安全理念的衝擊與重建：理論的初探」，政治科學論叢，第 22 期（2004 年 12 月）

12.　李亞強，「解讀中美海軍海上搜救演習」，艦船知識（北京），第 328 期（2007 年 1 月）

13.　李建設，「進一步完善我國海洋行政執法體制」，中國海洋報（北京），第 1578 期版 3（2007 年 2 月 6 日）

14.　李琥，「亞太多邊安全中的『第二軌道』」，海外中國青年論壇（美國麻州），第 1 卷第 4 期（2001 年 11 月 30 日）

15.　汪毓瑋，「中國反恐作為及對國際之戰略意涵」，戰略安全研析，第 7 期（2005 年 11 月）

16.　林文程，「中共對信心建立措施的立場及作法」，戰略與國際研究，第 2 卷第 1 期（2000 年 1 月）

17.　林麗香，「中共軍事外交目的研析」，展望與探索，第 3 卷第 12 期（2005 年 12 月）

18.　金永明，「淺談國家海洋惟權執法」，中國海洋報（北京），2005 年 3 月 18 日

19.　夏立平，「中美安全合作與軍事交流的成果與問題」，中國評論（香港），1998 年 12 月號

20.　孫永強，「中國石油戰略儲備：多管齊下，漸進實現」，中國評論

（香港），第 110 期（2007 年 2 月）

21. 孫光民，「『亞太安全合作理事會』下的海事安全合作」，問題與研究，（1999 年 3 月）

22. 海運聯營總處企劃組，「國際主要海事公約生效實施概況」，中華民國海運月刊（1997 年 6 月）

23. 高之國，「貫徹『實施海洋開發』戰略佈署」，國家海洋局專家論壇（北京）

24. 張文木，「論中國海權」，世界經濟與政治（北京），2003 年第 10 期

25. 莫大華，「中共對建立『軍事互信機制』之立場：分析與檢視」，中國大陸研究，第 42 卷第 7 期（1999 年 7 月）

26. 陳雅莉，「遭遇黃海」，華盛頓觀察周刊，2002 年第 2 期

27. 喬金鷗，「中國大陸能源安全戰略問題探討」，中華戰略學刊，95 年冬季刊（2006 年 12 月 31 日）

28. 彭光謙，「中美關係的晴雨錶：彭光謙評述中美軍事關係」，世界知識（北京），2004 年第 3 期

29. 焦永科，「弘揚海洋文化 發展海洋經濟」，中國海洋報（北京），第 1407 期

30. 楊明杰，「擴散安全倡議評估」，現代國際關係，2003 年第 10 期

31. 葉伯棠，「中共與美國關係的演變-兼評溫伯格訪平與吳學謙訪美」，問題與研究，第 23 卷第 2 期（1983 年 11 月）

32. 賈致中、邱坤玄，「中共未來經濟環境之限制因素研析──以海上安全通道維護為例」，國防雜誌，第 21 卷第 3 期（2006 年 6 月 1 日）

33. 翟文中，「中共與美國簽署『加強海上軍事安全磋商機制協定』之研究」，國防政策評論，第 5 卷第 1 期（2004 年秋季）

34. 劉振安，「小布希總統時期美中軍事交流之研究」，展望與探索，第 2 卷第 5 期（2004 年 5 月）

35. 劉振安，「美國與中共軍事交流之現況發展」，空軍學術雙月刊，第 592 期（2006 年 6 月 1 日）

36. 劉慧華，「轉型世界中的中美合作」，國際問題論壇（北京），2005年冬季號（總第 41 期）

37. 劉復國，「國家安全定位、海事安全與台灣南海政策方案之研究」，問題與研究，第 39 卷第 4 期（2000 年 4 月）

38. 劉復國，「綜合性安全與國家安全——亞太安全概念適用性之檢討」，問題與研究，第 38 卷第 2 期（1999 年 2 月）

39. 韓江，「如何看美中關係比歷史任何時期都好」，海峽評論（香港），第 161 期（2004 年 5 月 1 日）

40. 羅俊瑋，「中國海事強制令之初探」，法令月刊，第 57 卷第 2 期（2006 年 6 月）

（四）論文、委研報告

1. 丁永康，「二十一世紀初東北亞國際政治新秩序：持續與變遷」，發表於「新世紀亞太情勢與區域安全」研討會（台北：政大國關中心主辦，2003 年 4 月 29 日）

2. 申云翰，「美國與中共軍事戰略角力對亞太地區之影響——以地緣政治學分析」，政治作戰學校政治研究所碩士論文（2005 年）

3. 吳東明主持，借鏡美日韓各國、探討我國海巡署發展策略之研究（正式報告），行政院海岸巡防署委託研究，2004 年 12 月

4. 耿濟川，「中共國際軍事交流對台安全之衝擊：就軍事角度衡量」，中山大學公共事務管理研究所碩士論文（2004 年）

5. 張麗娜，「海上反恐與國際海運安全制度的新發展」，中國論文下載中心（北京），http://www.studa.net/sifazhidu/070204/1053505.html，2007 年 4 月 2 日下載

6. 許嵐翔，「中共海域執法機制之研究」，世新大學行政管理研究所碩士論文（2005 年）

7. 陳榮宏，「我國海洋事務專責機關組織之研究」，台灣海洋大學法

律研究所碩士論文（2004 年）

8. 曾國貴，「中國海洋戰略之發展與影響」，東吳大學政治研究所碩士論文（2005 年）

9. 劉振安，「美國與中共的軍事交流之研究：國家利益之觀點」，中山大學大陸研究所碩士論文（2004 年）

10. 鄭智元，「九一一事件對亞太區域安全理念之影響」，政治大學外交研究所碩士論文（2006 年）

二、英文部分

（一）政府出版品

1. An Ocean Blueprint for the 21st Century, *the U.S. oceancpmmission website*（Washington, D.C.），September 20 2004.

2. National Strategy for Homeland Security, *the white house website*（Washington, D.C.），July 2002.

3. Quadrennial Defense Review Report, *US. Department of Defense* (Washington, D.C), 2006.

4. The National Security Strategy, *the white house website*（Washington, D.C.），2002.

5. The National Strategy for Maritime Security, *the White House Website*(Washington, D.C), September 20 2005.

6. U.S. China Science and Technology Cooperation (S&T Agreement): Report to Congress, B*ureau of Oceans and International Environmental and Scientific Affairs*(Washington, DC).

7. U.S. Ocean Action Plan, *the white house website*（Washington, D.C.），December 17 2004.

（二）專書

1. Kenneth Allen and Eric A. McVadon, *China's Foreign Military Relations*, (Washington D.C. The Herry L. Stimson Center, Oct. 1999).

2. David Dickens, ed., *No Better Alternatives: Towards Comprehensive and Cooperative Security in Asia-pacific*(Center for Security, New Zealand, 1997).

3. Sam Bateman and Stephen Bates, *Calming the Waters: Initiatives for Asia Pacific Maritime Cooperation* (Canberra: The Australian National University, 1996).

4. David Shambaugh, *Modernizing China's Military: Progress, Problems and Prospects,* (California: California University Press, 2003).

（三）期刊

1. Charles R. Larson, "America's Pacific Challenge, 1993 and Beyond," *Vital Speech of Day*, December 1 1993.

2. Eric A. Mcvadon , "U.S.-PRC Maritime Cooperation: An Idea Whose Time Has Come?", *Jamestown Foundation*, Volume 7 Issue 12 (June 13, 2007), http://jamestown.org/china_brief/article.php?articleid= 2373469, accessed 2007/7/2.

3. Hunter Keeter, "Coast Guard Commandants Outlines Deepwater Funding Shortfall", *Defense Daily*, April 4, 2003.

4. Jing-dong Yuan, "Sino-US Military Relations Since Tiananmen: Restoration, Progress, and Pitfalls", *Parameters,* (US Army War College Quarterly) Vol. ⅩⅩⅩⅢ, No. 1 (Spring 2003), http://carlisle-www. army.mil/usawc/Parameters/03spring/yuan/pdf, accessed 2007/3/18.

5. John Wilson Lewis & Xue Litai, "The Threat of War, the Necessity of Peace", *Imagined Enemies: China Prepares for Uncertain War*

(Stanford University Press, 2006).

6. Kenneth Allen , "US-China Military Relations: Not a One-Way Street", *The Henry L. Stimson Center*, December 13, 1999, http://www.stimson. org/cbm/china/newsadv1299.htm, accessed 2007/3/18.

7. Lieutenant Commander Ulysses O. Zalamea, "Eagles and Dragons at Sea: The Inevitable Strategic Collision between the United States and China", *Naval War College Review*, Autumn 1996, Vol. XLIX, No.4.

8. Reynolds B. Peele, "The Importance of Maritime Chokepoints," *Parameter*, Summer 1997.

9. Richard Halloran, "Coast Guard Ship Aids in Pacific Patrol", *Real Clear Politics*, http://www.realclearpolitics.com/articles/2007/08/coast _guard_ship_aids_in_pacif.html, accessed 2007/12/10.

（四）論文

David Dewitt 1993. "Concept of Security for the Asia-Pacific Region in the Post-Cold War Era: Common Security, Cooperative Security, Comprehensive Security." Paper presented at *Seventh Asia-Pacific Roundtable: Confidence Building and Conflict Reduction in the Pacific*, 6-9 June, Kuala Lumpur.

大事年表

中共海事與美國交流合作之發展

事件總數：160 件　　　　　　事件時間：1964.7.22 至 2008.4.15

事件日期	重要事件發展內容	資料來源
1964 年 7 月 22 日	中共成立國家海洋局：中共第二屆全國人民代表大會第 124 次常委會議，批准在國務院下成立「國家海洋局」，由海軍代管，工作方針是「以軍為主、以軍帶民」，裝備和設施則由海軍調撥。首任局長為中共海軍南海艦隊副司令員。	中國海洋報 1306 期
1970 年 6 月 22 日	國家海洋局歸海軍領導：中共中央確定國家海洋局歸海軍領導。	中國海洋報 1306 期
1979 年		
1 月 1 日	中美正式建交：中共和美國互相承認並建立外交關係。	新華網 2002.1.28
1 月 31 日	簽署科技合作協定：鄧小平首次訪美，並在訪美期間，與美國總統卡特（Jimmy Carter）簽署了《中美科學技術合作協定》。	新華網 2008.1.28
5 月 8 日	首個海洋科學技術合作議訂書：中美在北京簽署《中美海洋和漁業科技議定書》，這是中共改革開放後最早簽定的政府間海洋科學技術合作議訂書。同日，中美簽署的另一項雙邊協定是由美國國家氣象局負責的《美中大氣科學技術合作議定書》。	美國國務院網站 2005.4.15

8月9日	首次全國海岸帶調查：中共國務院批准開展全國海岸帶調查工作。	中共國家海洋局官網 1979.5.28
	中共海關局首次訪美：中共外貿部海關局副局長王鬥光率海關代表團首次訪問美國。	中共海關官方網站 2005.8.29
1980年		
1月5日	美國防部長首次訪華：布朗（Harold Brown）前往中國大陸訪問，這是 1949 年以來首位訪華的美國國防部長。	BBC中文網 中美關係大事記 2002.2.20
6月6日	第二次海洋和漁業科技合作會議：中美海洋和漁業科學技術合作工作組第二次會議，在上海召開。	中共國家海洋局官網 1980.5.28
1982年3月25日	第三次海洋和漁業科技合作會第三次會議，在美國華盛頓舉行。	中共國家海洋局大事記 2004
1983年		
4月18日	第四次海洋和漁業科技合作會議：中美海洋和漁業科技合作聯合工作組第 4 次會議，在北京舉行。	中共國家海洋局大事記 2004
5月9日	加入南極條約組織：中共五屆人大常委會第二十七次會議通過決定，參加國際南極條約組織。	中共國家海洋局大事記 2004
9月25日	軍事高層對話恢復：美國國防部長溫伯格（Caspar Weinberger）訪華，恢復前兩年因售台武器問題而弄僵的軍事高層對話。	中美關係史 陶文釗著

1984 年		
1 月 10 日至 16 日	中共總理首次訪美：中共總理趙紫陽首次訪問美國。	BBC 中文網 中美關係大事記 2002.2.20
4 月 26 日 至 5 月 1 日	美國總統訪華：雷根（Ronald Wilson Reagan）前往中國大陸訪問，當時是第 3 位訪華的美國總統。	BBC 中文網 中美關係大事記 2002.2.20
6 月	軍事高層互訪：中共國防部長張愛萍訪問美國。	東方新聞網 2003.8.26
8 月	軍事高層互訪：美國海軍部長萊曼（John Lehman）訪華。	中美關係史 陶文釗著
1985 年		
1 月	軍事高層互訪：美國參謀首長聯席會議主席維西（John Vessey）訪華。	中美關係史 陶文釗著
2 月 20 日	首座南極科學考察站：中國第一個南極科學考察站－「長城站」，在南極喬治王島勝利竣工。	中共國家海洋局大事記 2004
5 月	美國海關署首次訪華：美國海關副署長安其勒斯（D.Angelus）率美國海關代表團首次訪問中國大陸。	中共海關官方網站 2005.8.29
7 月 21 日 至 31 日	中共國家主席首次訪美：中共國家主席李先念首次訪問美國。	BBC 中文網 中美關係大事記 2002.2.20
10 月	軍事高層互訪：美國空軍參謀長加柏里爾（Charles Gabriel）訪華。	中美關係史 陶文釗著
11 月	軍事高層互訪：中共海軍司令員劉華清訪問美國。	中美關係史 陶文釗著

1986 年		
5 月	軍事高層互訪：中共解放軍總參謀長楊得志訪美。	中美關係史陶文釗著
11 月 5 日	美艦首次訪華：美國第七艦隊「里夫斯」號巡洋艦、「奧爾登多夫」號驅逐艦、「倫茲」號護衛艦訪問青島港。這也是美軍艦隊首次訪問中國。	中美關係史陶文釗著
11 月	軍事高層互訪：美國陸軍參謀長威克姆（Wykeham）訪華。	中美關係史陶文釗著
1987 年 9 月 1 日	中共首次空中海事巡航：中共國家海洋局所屬海監飛機，開始在中國管轄海域執行巡航監察、監視任務。	中共國家海洋局大事記2004
1989 年		
2 月 24 日至 27 日	美國總統訪華：老布希總統（George Herbert Walker Bush）前往中國大陸訪問，當時是第 4 位訪華的美國總統。	BBC 中文網中美關係大事記2002.2.20
2 月 26 日	第 2 座南極科學考察站：中國第 2 個南極科學考察站－「中山站」，在東南極普裏茲灣落成。	中共國家海洋局大事記2004
4 月 11 日	共艦首次訪美：中共海軍訓練艦「鄭和」號訪問美國太平洋艦隊總部所在地珍珠港，那是中國海軍軍艦首次訪美。	環球時報2005.9.19
6 月 4 日	天安門事件：中共部隊經過展開血腥鎮壓，凌晨衝進天安門廣場，拆毀剛樹立不久的「民主之神」塑像，這也代表著中國大陸新一波的民主運動暫告結束，史稱「六四天安門事件」。	聯合報1989.6.4

6月6日	軍事交流中斷：美國國防部長錢尼（Dick Cheney）暫停對原計劃的中國海軍司令員張連忠和國防部長秦基偉的訪美安排。	中共外交部官方網站 2002.2.20
6月29日、7月14日	美國制裁中共：美國國會參眾兩院針對「天安門事件」，通過關於制裁中國的修正案，禁止向中國出售武器，並終止了兩國之間的核能合作和高層軍事互訪。	BBC中文網 中美關係大事記 2002.2.20
1991年1月8日至11日	中共首次全國海洋工作會議：中共首次全國海洋工作會議在北京召開，會議制定了二十世紀九十年代海洋政策和工作綱要。並通過《九十年代我國海洋政策和工作綱要》。	中共國家海洋局大事記 2004
1992年		
2月25日	通過《領海及毗連區法》：中共第七屆全國人民代表大會常務委員會第二十四次會議通過《領海及毗連區法》。	中共中央政府官網 2005.9.12
6月	聯合國通過《二十一世紀議程》：聯合國於巴西里約熱內盧所召開的環發大會，通過《二十一世紀議程》，要求沿海國家實施海岸帶綜合管理。	聯合國官網 1999.12.22
8月	設立美國海關代表處：美國在北京設立海關代表處。	中共海關官方網站 2005.8.29
1993年		
8月25日至9月4日	銀河號事件：美國要求沙烏地阿拉伯政府代表在達曼（Dammam）港，對中國貨輪「銀河」號所載貨物進行檢查，以確定是否載有硫二甘醇和亞硫醯氯兩類化學品。此舉嚴重影響中美關係，史	BBC中文網 中美關係大事記 2002.2.20

	稱「銀河號事件」。	
12月3日	簽署諒解備忘錄：中美兩國政府簽署《關於有效合作和執行聯合國大會46/215號決議的諒解備忘錄》，以共同打擊北太平洋公海流網作業行為。並自1994年起，中共每年派遣漁政人員到美國海岸防衛隊參加海上聯合執法行動。	新華社 2006.7.11
1994年		
10月16日 至19日	軍事高層對話恢復：美國國防部長裴利（William Perry）訪華。此行意味在1989年天安門事件發生後，美國和中共又恢復高層軍事接觸。	聯合報 1994.10.16
10月27日	中美軍艦黃海對峙：中共「漢」級核動力攻擊潛艦與美國「小鷹」號航母戰鬥群，在黃海海域對峙。	大紀元 2006.12.19
10月28日	「雪龍」號首航南極：中共目前惟一能夠在極地洋區航行的大型破冰船──「雪龍」號，首航南極，執行第十一次南極考察任務。	中共國家海洋局大事記 2004
1995年6月	同意李登輝訪美：美國允許台灣總統李登輝「非正式」訪問美國，中共短暫召回駐美大使以示抗議。	BBC中文網 中美關係大事記 2002.2.20
1996年		
3月	九六年台海危機：在台灣舉行首屆總統直選前，解放軍在台灣海峽進行軍事演習。由於台灣海峽局勢緊張，美國派遣了兩艘航空母艦到台灣海峽巡弋。	BBC中文網 中美關係大事記 2002.2.20
5月15日	批准《聯合國海洋法公約》：中共第八屆全國人大常委會第十九次會議，決定批准《聯合國海洋法公約》。	中共國家海洋局大事記 2004

11 月 24 日	江澤民釋善意：江澤民在馬尼拉會晤美國總統柯林頓（William Jefferson Clinton）時，表示在廣西興安縣發現 1 架二戰期間墜毀的美軍飛機殘骸和機組人員遺骨，並歡迎美方派人到現場實地察看。稍後更由中共國防部長遲浩田，利用訪美時機，向美國國防部長轉交部分美軍飛行員遺物。	中共外交部官方網站 2002.2.20
12 月 8 日 至 18 日	軍事高層互訪：中共國防部長遲浩田訪美，並會見柯林頓總統及參觀五角大樓。	青年參考報 2003.10.30
1997 年		
3 月 9 日至 25 日	共艦首訪美國本土：中共海軍艦艇編隊（112、166 飛彈驅逐艦及南運 953 號）首次訪問美國本土。	新華社 2006.9.22
9 月	中美軍艦互訪：美國兩艘軍艦訪問青島。	中共外交部官方網站 2002.2.20
10 月 27 日 至 11 月 2 日	天安門事件後首位訪美的中共國家元首：中共國家主席江澤民赴美進行國事訪問。是繼李先念後第二位訪美的國家元首，也是「天安門事件」以來，首位訪美的中共最高領導人。期間並與柯林頓總統共同發表《中美聯合聲明》，明確指出要加強兩國在打擊國際有組織犯罪、毒品走私、非法移民、製造偽幣和洗錢犯罪等方面的合作。	新華社 1997.10.29
12 月 11 日 至 12 日	首次國防諮商會談：中共副總參謀長熊光楷，前往美國華盛頓，進行中美兩國國防部磋商。這是中美兩國元首確定兩國防務部門建立定期磋商機制後，中美	新華社 2006.9.22

	兩國國防部之間的首次磋商。	
1998 年		
1 月 5 日至 9 日	建立中美執法合作：中美雙方代表團在北京進行商談，並就成立聯合聯絡小組的諒解備忘錄達成協議。法律交流聯合聯絡小組於 1 月 9 日正式成立。	中共中央政府官網 2003.11.20
1 月 17 日至 19 日	簽署《MMCA》：美國國防部長柯恩（William Cohen）訪華，並與中共國防部長遲浩田簽署《海上軍事磋商協定（Military Maritime Consultation Agreement, MMCA）》。	新華社 2004.3.11
3 月 10 日	國家海洋局歸國土資源部領導：中共九屆全國人大一次會議通過了國務院機構改革方案，國家海洋局由原海軍領導，劃為新組建的國土資源部部管國家局。	中共國家海洋局大事記 2004
5 月	中美反恐合作磋商：中共與美國海關共同參與執法合作聯合聯絡小組的活動，並先後派 10 名官員參加該小組框架下的執法培訓。自 2002 年 5 月，中共持續參與中美反恐合作和金融反恐合作框架下的磋商。除此之外，中共還自 1983 年以來與美國海關聯合舉辦了多期緝毒培訓班。	中共海關官方網站 2005.8.29
5 月 28 日	中共首份海洋政策白皮書：中共公布《中國海洋事業白皮書》。	人民網 2000.12.29
6 月 26 日	通過《專屬經濟區及大陸架法》：中共第 9 屆全國人民代表大會常務委員會第 3 次會議通過《專屬經濟區及大陸架法》。	中共中央政府官網 2005.9.12

6 月	天安門事件後首位訪華的美國總統：柯林頓（Hillary Rodham Clinton）訪問中國大陸。他也是自「六四事件」以來，第一位訪問中國的美國總統。期間並宣佈中美雙方互不將各自控制下的戰略核武器瞄準對方。	新華社 2006.9.22
7 月 14 日 至 15 日	首度海上軍事安全磋商：中美在北京舉行首次海上軍事安全磋商。	新華社 2004.3.11
9 月 14 日	同意舉行人道主義救援研討作業：中共軍委副主席張萬年訪美，會見美國國防部長柯恩，雙方發表「軍事環境保護問題進行信息交流」聯合聲明，並同意 1999 年舉行人道主義救援演習。	行政院 大陸委員會 1998.10
10 月 19 日	中共成立海監總隊：中共中央機構編制委員會辦公室正式批准成立「中國海監總隊」，下設三個海區總隊。	南海海洋網
10 月 19 日 至 20 日	第二次國防諮商會談：中美在北京舉行第二次國防諮商會談。	人民日報 1998.10.21
12 月 3 日	首度在香港舉行聯合搜救演習：解放軍駐港部隊 771 飛彈艇，與美國海岸防衛隊共同參加在香港海域所舉行的搜救演習。此亦為中共海軍自第二次世界大戰以來，第一次與美國共同參與的演習。	聯合報 1998.12.3
1999 年		
4 月 8 日	簽署中美海關互助協定： 1.1992 年 11 月，中共海關總署署長戴傑與美國海關代表團進行締結《中美海關互助協定》首次談判，其後經過 1994、1997 及 1998 年間多次磋商，在 1999 年 4 月 8 日，中共總理朱鎔基及海關總署副	中共海關官方網站 2005.8.29

	署長趙光華率團訪美期間，正式簽署《中美海關互助協定》。2.同時期間，中共海關總署副署長趙光華與美國海關署署長凱利（Kelly）、APEC國家中心代表麥克拉克（Michalak）亦共同簽署《關於構建 APEC 上海示範通關點的意向書》，標誌著中美合作構建APEC 上海示範通關點工作正式啓動。	
5 月 8 日	中共大使館誤炸事件：以美國為首的北約，對南斯拉夫進行空襲行動中，中共駐貝爾格萊德大使館遭到轟炸，3 名中國人被炸死，多人被炸傷。美國稱這是一次誤炸，並向北京道歉。但在中國，成千上萬大陸人民在美國大使館門前示威抗議。	BBC 中文網中美關係大事記2002.2.20
5 月 25 日	公布《考克斯報告》：美眾院公布《考克斯報告（Cox Report）》，詳述中共在美國從事間諜活動的問題。	大紀元時報2005.6.30
7 月 1 日	「雪龍」號首航北極：中國首次北極科學考察隊暨"雪龍"號破冰船首航北極。	中共國家海洋局大事記2004
12 月 1 日	第 2 次在香港舉行聯合搜救演習：中共駐南斯拉夫大使館遭北約誤炸後，一度被拒入境香港的美國軍機，1 日與中共駐港解放軍部隊共同參與第 2 次香港聯合搜救演習。	聯合報1998.12.2
2000 年		
1 月 24 日至 27 日	第三次國防諮商會談：中美在華盛頓舉行第三次國防諮商會談。	解放軍報2000.1.28
2 月 27 日至 3 月 2 日	軍事高層互訪：美軍太平洋總部司令布萊爾訪華。	中共外交部官方網站

		2002.2.20
4 月 14 日 至 22 日	軍事高層互訪：海軍司令員石雲生訪美。	中共外交部 官方網站 2002.2.20
5 月 30 日 至 6 月 3 日	第二次海上軍事安全磋商：中美在夏威夷及聖地牙哥舉行第二次海上軍事安全磋商。	新華社 2004.3.11
7 月 11 日 至 15 日	軍事高層互訪：美國國防部長科恩訪華。	中共外交部 官方網站 2002.2.20
7 月 31 日 至 8 月 5 日	中美軍艦互訪：美國海軍太平洋艦隊司令法戈率「錢斯洛斯衛爾（Chancellorsville, CG62）」號巡洋艦訪問中國青島。	中共外交部 官方網站 2002.2.20
8 月 20 日 至 10 月 12 日	中美軍艦互訪：中國北海艦隊 「青島號」飛彈驅逐艦， 補給艦「太倉號」訪問美國檀香山、西雅圖等港口。	中共外交部 官方網站 2002.2.20
8 月 21 日 至 29 日	軍事高層互訪：軍事科學院院長王祖訓訪美。	中共外交部 官方網站 2002.2.20
10 月 11 日 至 13 日	軍事高層互訪：美國海軍部長丹齊克訪華。	中共外交部 官方網站 2002.2.20
10 月 25 日 至 11 月 2 日	軍事高層互訪：中國人民解放軍總政治部主任于永波訪美。	中共外交部 官方網站 2002.2.20
11 月 1 日	首次邀請美軍觀看演習：美國參謀長聯席會議主席薛爾敦，受邀前往中國觀摩南京軍區的大規模軍事演習。這是中共第一次邀請美軍高級將領觀看軍事演習。	新華社 2006.9.22

11 月 28 日 至 12 月 2 日	第 4 次國防諮商會談：中美在北京舉行第 4 次國防諮商會談。	中國時報 2000.11.30
2001 年		
1 月	小布希重新定位美中關係：美國新任總統小布希（George Walker Bush）曾在共和黨的競選綱領中說：「中國是美國的戰略對手，而不是戰略夥伴」。這是小布希總統在對華政策上最引人關注的一個說法。因為 1997 年，中共國家主席江澤民訪美時，曾於當時的美國總統柯林頓一致同意中美兩國共同致力於建立建設性戰略夥伴關係。	BBC 中文網 中美關係大事記 2002.2.20
4 月 1 日	中美軍機南海擦撞事件：美國一架 EP-3E 偵察機與中共一架「殲八」型戰鬥機，在南中國海上空擦撞，並迫降在海南島陵水機場，此事引發中美兩國外交嚴重衝突。	BBC 中文網 中美關係大事記 2002.2.20
4 月 24 日	美國批准對台軍售清單：美國批准包括 4 艘紀德級驅逐艦、8 艘柴油潛艇、12 架反潛機在內的對台軍售清單，且小布希總統在接受訪問時表示，美國將以一切必要力量幫助台灣自衛。中共對此表達抗議。	BBC 中文網 中美關係大事記 2002.2.20
7 月 28 日	美國務卿鮑威爾訪華：美國國務卿鮑威爾（Colin Luther Powell）抵達北京進行訪問，並在會見江澤民時表示，美國希望與中共建立建設性的關係。	BBC 中文網 中美關係大事記 2002.2.20
8 月 17 日	美航母訪港前進行針對性演習：美國「星座」號航母戰鬥群於 8 月 20 日至 25 日訪問香港，原本應是中美關係在撞機事件後有所緩和的表示，然而這個航	聯合報 2001.9.1

	母戰鬥群卻在抵港的前三天，與途經南海的美國海軍「卡爾・文森」號航母戰鬥群，進行大規模聯合軍事演習。時間正是中共東山島軍演的關鍵階段，中共軍事專家認為，美軍的演習明顯針對中共。	
9月11日	911 恐怖攻擊事件：美國紐約世貿中心兩座大廈和華盛頓的國防部總部五角大樓遭飛機襲擊倒塌，造成幾千人死亡或失蹤。巧合的是，同一天，北京當局與阿富汗的塔利班政權簽訂「經濟與技術合作備忘錄」	<u>BBC 新聞網</u> 2001.9.12
9月12日	中共釋出反恐善意：中共國家主席江澤民主動向美國總統小布希總統表示「中國願意與美國合作，共同打擊恐怖主義」。	<u>BBC 中文網</u> 中美關係大事記 2002.2.20
9月14日 至15日	第三次海上軍事安全磋商：中美在關島舉行第三次海上軍事安全磋商。	<u>新華社</u> 2004.3.11
10月19日	布江 APEC 高峰會談：美國小布希總統抵達上海，參加亞太經濟合作論壇高峰會議，並與江澤民舉行會談。小布希表示，美國致力與中共發展建設性合作關係。江澤民則建議雙方建立高層戰略對話機制。	<u>BBC 中文網</u> 中美關係大事記 2002.2.20
12月27日	給予永久正常貿易關係：美國總統小布希總統正式給予中國「永久正常貿易關係」地位。	<u>BBC 中文網</u> 中美關係大事記 2002.2.20
2002 年		
2月21日 至22日	小布希總統首次訪華：美國總統小布希總統前往中國大陸進行正式訪問。	<u>BBC 中文網</u> 中美關係大

		事記 2002.2.20
4月28日 至5月5日	胡錦濤訪美：中共國家副主席胡錦濤訪問美國。	BBC中文網 中美關係大 事記 2002.2.20
5月15日	首顆海洋衛星：中國第一顆海洋衛星「海洋一號 A」，在山西太原衛星發射中心成功發射。	中共國家海 洋局大事記 2004
5月	美國提出海事安全合作需求：美國提出希望中共加入「貨櫃安全倡議（Container Security Initiative, CSI）」合作的要求。	中共海關官 方網站 2005.8.29
6月25日 至27日	軍事高層對話恢復：美國助理國防部長羅德曼（Peter Rodman）率團訪問中國，這是自2001年4月1日中美軍機擦撞事件，以來第一個訪華的美國高級軍事代表團。	新華社 2002.6.13
7月16日	中共參加「西北太平洋海事會議」：美國邀集中共、俄羅斯、南韓、加拿大、日本，在夏威夷召開「西北太平洋海事會議」，討論打擊海盜和反恐問題。	〈海上通道 安全與國際 合作〉，頁 223
10月22日 至25日	中美達成 CSI 共識：中共國家主席江澤民再度訪問美國，並與美國小布希總統達成加入美國所提出的「貨櫃安全倡議」的共識。	中共海關官 方網站 2005.8.29
9月14日	中共完成年度東海維權執法行動：中共完成歷時九個月的東海維權執法行動。	中共國家海 洋局大事記 2004
12月9日 至10日	第五次國防諮商會談：中美在華盛頓舉行第五次國防諮商會談。	中國新聞網 2002.12.5

	首次中美海上聯合執法：中共依照 1993 年所簽定的《關於有效合作和執行聯合國大會 46/215 號決議的諒解備忘錄》，每年派 1～2 艘漁政船赴北太平洋公海參加中美海上聯合執法行動，主要對在北太平洋公海海域進行魷釣生產的中國漁船進行執法檢查。	新華社 2006.7.11
2003 年		
2 月 16 日	成立海監廣西總隊：中共舉行海監廣西總隊掛牌成立活動。	中國海洋報 1188 期
3 月份	啟動 CSI 合作：中共在上海啟動中美「貨櫃安全倡議」合作，4 月中旬舉行上海「貨櫃安全倡議」啟動實施的慶祝儀式，5 月在深圳啟動「貨櫃安全倡議」的實施。	中共海關官方網站 2005.8.29
4 月 8 日	第 4 次海上軍事安全磋商：中美舉行第 4 次海上軍事安全磋商。	〈海上通道安全與國際合作〉，頁 255
4 月 13 日	《中美海關互助協定》生效：1999 年 4 月所簽訂的《中美海關互助協定》正式生效。	中共海關官方網站 2005.8.29
5 月 9 日	中共「海盾 2003」專項執法行動：中共國務院印發《全國海洋經濟發展規劃綱要》的通知。同日，中國海監總隊在全國範圍內組織開展「海盾 2003」專項執法行動。	中共國家海洋局大事記 2004
6 月 6 日	成立海監南海航空支隊：中共在廣東廣州舉行海監南海航空支隊掛牌成立活動。	中國海洋報 1216 期

7月	成立海監文昌市大隊：中共正式成立海監文昌市大隊，隸屬海南文昌市海洋與漁業局。	<u>南海海洋網</u>
7月29日	簽署中美CSI合作原則聲明：中共海關總署署長牟新生和美國海關與邊境保護局局長邦納（Robert C. Bonner）簽署中美「貨櫃安全倡議」合作原則聲明。	<u>中共海關官方網站</u> 2005.8.29
9月22日	美艦首次訪問南艦司令部：隸屬美國太平洋艦隊的2艘軍艦──「考佩斯（Cowpens）」號及「範德格裏夫（Vandegrift）號」，首次訪問位於廣東湛江的中共南海艦隊司令部。	<u>青年參考報</u> 2003.10.30
9月25日	成立海監欽州市支隊：中共海監欽州市支隊在該市國土資源局正式掛牌成立。該支隊是繼北海市支隊後，廣西區成立的第二支市級海監隊伍。	<u>南海海洋網</u>
10月22日	共艦首次訪問關島：中共南海艦隊的2艘軍艦"深圳"號飛彈驅逐艦和「青海湖」號補給艦，首次訪問美國的戰略重地關島。	<u>青年參考報</u> 2003.10.30
10月28日	中共國防部長再度訪美：中共國防部長曹剛川訪問美國，並會見美國總統布希、國務卿鮑威爾和總統國家安全事務助理萊斯。	<u>新華社</u> 2003.10.30
12月2日	首次海事部門空海立體巡航：山東沿海港口各海事部門的巡航艇及直昇機，在黃海及渤海海域，舉行代號「空巡1號」的首次海事部門空海立體巡航。	<u>中國海洋報</u> 2003.12.2
12月8日	成立海監溫州市支隊：中共舉行海監溫州市支隊掛牌成立活動。	<u>中國海洋報</u> 1274期

12 月 30 日	南海救助局成立七個救助基地：中共南海救助局下屬七個救助基地正式掛牌，將原來的廣州海上救助打撈局石樓基地、廣州海上救助打撈局深圳救助站、汕頭救助站、三亞救助站、湛江救助站、北海救助站，分別更名為南海救助局廣州基地、深圳基地、汕頭基地、三亞基地、湛江基地和北海基地，並新組建了海口基地。	金羊網 2004.1.1
2004 年		
1 月 14 日 至 15 日	軍事高層互訪：美國參謀首長聯席會議主席邁爾斯（Richard B. Myers）訪華。	中國日報網 2004.1.14
2 月 10 日 至 12 日	第六次國防諮商會談：中美在北京舉行第六次國防諮商會談。	新華社 2004.2.10
3 月 11 日	軍事高層互訪：中共總參謀長梁光烈訪問美國。	中共駐美大使館官網 2004.3.11
6 月 9 日至 14 日	海岸防衛隊司令首次訪華：美國海岸防衛隊司令科林斯上將（Adm. Thomas Collins），應中共公安部邀請率團訪問中國大陸，雙方就海上執法、海洋環保、極地事務等領域進行交流。	中國評論新聞網 2006.12.13
11 月 20 日	布胡智利會談：小布希總統與胡錦濤在智利聖地牙哥出席亞太經合會非正式領袖會議期間，達成加強戰略對話等 4 點共識。	中國台灣網 2004.11.23
2005 年		
4 月 28 日 至 29 日	第七次國防諮商會談：中美在北京舉行第七次國防諮商會談。	新華社 2005.4.30
8 月 1 日	首度戰略對話：中美依據 2004 年 11 月小布希總統及胡錦濤，在智利聖地牙哥	新華社 2005.8.1

	達成之共識，在北京舉行首次戰略對話。	
9 月	軍事高層互訪：美國太平洋艦隊司令法倫（William Fallon）訪華。	新華社 2006.7.16
9 月 21 日	美國敦促中共成為 Stake Holder：美國副國務卿佐利克（Robert B. Zoellick）在紐約美中關係全國委員會發表《中國何處去？》的演講，認為美國需要敦促中國成為一個負責任的「Stake Holder」。	新華社 2006.12.19
10 月 18 日 至 20 日	鷹派國防部長首次訪華：美國國防部長倫斯斐（Donald Henry Rumsfeld），應中共國防部長曹剛川邀請，首次前往中國進行正式訪問，並會見中共國家主席胡錦濤及參觀第二炮兵司令部。	新華社 2005.10.19
12 月 6 日至 8 日	海岸防衛隊高層訪華：美國海岸防衛隊克萊格・伯尼少將在中共交通部有關人員陪同下，訪問浙江寧波，雙方就海洋執法工作及履行國際義務等進行交流。	新華社 2006.12.13
12 月 7 日至 8 日	第二次戰略對話：中美在華盛頓舉行第2 次戰略對話。	中共中央政府官網 2005.11.29
2006 年		
4 月 18 日 至 21 日	胡錦濤任國家主席後首次訪美：中國國家主席胡錦濤完成就任中國最高領導人之後的第一次美國之旅。	新華社 2006.4.19
4 月 19 日	中共首次南海海事巡航：海南海事局 4 艘海事船，前往西沙及北部灣執行首次歷時八天、總航程 1000 浬的海事巡航。	新華社 2006.4.28
5 月	軍事高層互訪：美國太平洋艦隊司令法倫第二度訪華。	新華社 2006.7.16

5月21日	海岸防衛隊遠洋浮標供應船首度訪華：美國海岸防衛隊「美洲杉」號遠洋浮標供應船抵達上海進行港口訪問。	<u>艦船知識</u> 2006.5.22
6月8日	第8次國防諮商會談：中美在北京舉行第8次國防諮商會談。	<u>中共中央政府官網</u> 2006.6.8
6月11日 至16日	海岸防衛隊執法船首度訪華：應中共公安部邀請，美國國土安全部海岸防衛隊「急流（RUSH）」號執法船，6月11日下午抵達山東青島，開始為期五天的友好訪問。	<u>中共公安部官網</u> 2006.6.12
6月18日	中共首次觀摩美軍演習：中共首次派出包括解放軍在內的觀摩團，赴關島觀摩十多年來美軍在太平洋地區調集航母最多的「勇敢之盾（Valiant Shield 2006）」演習。	<u>新華社</u> 2006.9.22
7月9日	海上聯合執法行動：中共漁政118、201船，和美國海岸防衛隊「急流」號執法船，在北太平洋公海成功舉行會晤，並完成2006年度兩國漁政聯合編隊巡航。	<u>新華社</u> 2006.7.11
7月16日	確定年內舉行海上聯合搜救演習：中央軍委副主席郭伯雄訪美，雙方同意依據「美中加強海上軍事安全磋商機制協定」，在今年內舉行海上聯合搜救演習。	<u>新華社</u> 2006.7.16
9月21日	首次海軍聯合搜救演習：中美兩國海軍在美國西岸舉行首次海上聯合搜救演習。	<u>新華社</u> 2006.9.21
11月8日	第三次戰略對話：美國副國務欽伯恩斯（Nicholas Burns）及中共外交部副部長楊潔篪，在北京舉行第三次戰略對話。	<u>新華社</u> 2006.11.8

11 月 19 日	首次海軍海上聯合搜救演習：中美海軍在南海海域成功舉行海上聯合搜救演習。	新華社 2006.11.20
11 月 27 日	共軍除役艦艇移交農業部：中共海軍在海南榆林基地，正式將「南救 503」艦，移交農業部南海區漁政漁港監督管理局，並佈署於廣州港，成為目前最大的漁政執法船。	南海漁業網 2006.12.1
2007 年		
1 月中旬	中共進行反衛星試驗：中共於 1 月中旬發射反衛星武器，引起國際關注。美日澳促中共對此做出解釋。	中國時報 2007.1.21
3 月 6 日至 13 日	共艦首次參加多國海上聯合軍事演習：中共海軍「連雲港」號及「三明」號護衛艦，前往巴基斯坦卡拉奇（Karachi）軍港。參加由巴國海軍所主辦的「和平-07」海上多國聯合軍事演習。其中包括美國等多國海軍，分別派遣艦艇、飛機或特種部隊參加。	環球時報 2007.3.8
3 月 22 日	軍事高層互訪：美軍參謀首長聯席會議主席佩斯（Peter Pace）就任後首次訪問中國大陸，這並且是 2007 年訪問大陸的第一個美國高級軍事代表團。	聯合報 2007.3.23
4 月 1 日至 8 日	軍事高層互訪：中共海軍司令員吳勝利前往美國訪問。	文匯報 2007.4.5
5 月 10 日 至 15 日	軍事高層互訪：美國太平洋軍區司令基廷（Timothy Keating）就任太平洋軍區司令以來首次訪華。	文匯報 2007.5.11
5 月 15 日 至 20 日	首次參加西太平洋海軍論壇多邊海上演習：中共海軍首次派「襄樊」號飛彈護衛艦，前往新加坡樟宜海軍基地，參	新華社 2006.11.20

	加由新加坡主辦的「2007 亞洲國際海事防務展」和在新加坡附近海域舉行的「第二屆西太平洋海軍論壇多邊海上演習」。	
5 月 22 日	中美軍艦互訪：隸屬於美國太平洋艦隊第 21 驅逐艦中隊的「斯特森（Stethem, DDG-63）」號驅逐艦，抵達青島進行為期四天的友好訪問。這是美國海軍艦艇第九次訪問青島。	青島新聞網 2007.5.22
6 月 20、21 日	第四次戰略對話：美國常務副國務卿內格羅蓬（John D. Negrouponte）及中共外交部副部長戴秉國，在華盛頓舉行第四次戰略對話。	北京商報 2007.6.20
8 月 17 日	軍事高層互訪：美國海軍作戰部長馬倫（Michael Mullen），應中共海軍司令員吳勝利邀請訪問中國。	新華社 2007.8.22
11 月 4 日至 6 日	兩國防部同意建立熱線：美國國防部長蓋茲（Robert Gates）訪問北京，中美兩國國防部於 5 日宣佈同意建立軍事熱線。	新華社 2007.11.5
11 月 21 日	中拒美艦訪港：中共拒絕「小鷹」號航母戰鬥群停靠香港，讓 8,000 多名船員與家屬，無法在香港共度感恩節。除讓「小鷹」號航母罕見穿越台海返回日本母港外，更讓美國對中共提出抗議。	蘋果日報 2007.12.2
11 月 30 日	美拒中參觀日神盾艦：美國要求日本拒絕在該國訪問的中國「深圳」號驅逐艦人員，參觀配備有高科技設備的神盾艦。	蘋果日報 2007.12.2
11 月	簽訂所際海洋科技合作備忘錄：中共國家海洋局第二海洋研究所，與美國伍茲	中共國家海洋局官網

	霍爾海洋研究所，在美國簽訂所際科技人員互換和科技專案合作諒解備忘錄。	2007.11.30
11 月 11 日 至 12 日	中共召開軍事海洋戰略與發展論壇：中共解放軍、國家海洋局、工業界及學術界近百個單位代表，在北京舉行第 4 屆軍事海洋戰略與發展論壇，討論「國家海洋戰略和海洋權益」等議題。	<u>當代海軍</u> 2008.2.1
12 月 3 日至 5 日	第九次國防諮商會談：中美在華盛頓舉行第九次國防諮商會談。	<u>新華社</u> 2007.12.5
2008 年		
2 月 25 日 至 26 日	海上軍事安全磋商年度會晤：中美在青島舉行海上軍事安全磋商年度會晤。該磋商機制迄今共舉行了七次年度會晤，十二次工作小組會議和一次專門會議。	<u>中新網</u> 2008.2.27
4 月 1 日	軍事高層互訪：美國海軍陸戰隊司令詹姆斯·康威（James Conway），應中共海軍司令員吳勝利邀請訪問中國。這也是 1987 年以來美國海軍陸戰隊司令首次訪華。	<u>新浪網</u> 2008.4.1
4 月 3 日	中美軍艦互訪：美國最大核動力航空母艦「尼米茲（Nimitz, CVN-68）」號訪問香港，這是 2007 年 11 月中共拒絕「小鷹」號航母戰鬥群停靠香港後，首艘准許訪港的美國航母。另兩艘美國航母「小鷹」號和「林肯（Abraham Lincoln, CVN-72）」號，也獲准並將陸續抵達香港訪問。	<u>中新網</u> 2008.4.7
4 月 8 日	中美軍艦互訪：美國海軍「拉森（Lassen, DDG-82）」號驅逐艦駛抵上海高陽路國際客運碼頭，展開為期五天的友好訪	<u>解放軍報</u> 2008.4.9

	問。這也是「拉森」號驅逐艦首次訪問上海。	
4月10日	兩國軍事熱線開通：中共國務委員兼國防部長梁光烈，與美國國防部長蓋茨，透過兩國國防部直通電話，進行了首次通話。	中新網 2008.4.11

邱子軒整理 2008.6.4

附錄一　中美關於聯合國 46/215 決議諒解備忘錄

　　中華人民共和國政府和美利堅合眾國政府的代表，特別考慮到有效合作和執行 1991 年 12 月 20 日聯合國大會標題為「大型中上層流網捕魚以及其對世界海洋生物資源的影響」之 461215 號決議（UNGA46/215）的必要性，同意如下臨時性諒解備忘錄：

一、一方的公務人員，在北太平洋公海上遇到懸掛另一方國旗，或聲稱已在另一方當局註冊的漁船被發現與聯大 46/215 號決議條款不一致，使用或為使用而安裝了大型中上層流網，應向另一方適當的公務人員提出對上述船隻實施合作登臨和核查的要求。

二、每一方的一名稱職公務人員應有資格乘坐另一方在公海上的每一艘流網執法船。每一名該類公務人員上船及下船的時間及地點不應影響該船的航行計畫。

三、如另一方的經授權的公務人員不能參加上述的合作登臨和核查，其將立即通知要求方並將對要求方經授權的公務人員的登臨和核查給予合作和協助。如在現場的要求方的經授權的公務人員得到通知，另一方的經授權的公務人員不能參加合作登臨和核查時，或另一方的經授權的公務人員沒有立即通知要求方時，要求方經授權的公務人員將自行登臨和核查。

四、若另一方的經授權的公務人員在收到對北太平洋公海的一艘被發現使用或為使用而安裝了大型中上層流網的漁船進行合作檢

查的要求後在合理的時間內到達，雙方的經授權的公務人員應
聯合登臨和核查該船。

五、登臨的經授權的公務人員可檢查上述漁船的船旗、註冊，除船
員生活區和機艙間外，還可檢查船隻及其設備、記錄、漁具、
漁獲物和航海日誌以決定該船是否從事了與聯大 46/215 號決議
規定不符的活動。

六、在本備忘錄生效時，每一方應向另一方提供在被登臨船的船長
要求的情形下其經授權的公務人員應出示的授權書的樣本。
46/215 號決議規定不符，使用或為使用而安裝了大型中上層流
網的另一方船隻的登臨和核查的結果，包括從事了與聯大
46/215 號決議規定不符的任何活動的證據，應提供給另一方適
當的公務人員以便採取進一步的行動。

八、若登臨的結果證明被登臨的漁船從事了與聯大 46/215 號決議規
定不符的活動並且該船已在本備忘錄的任一方的當局註冊，該
方當局應對該船採取執法行動。在採取這類執法行動中，該方
應收到並考慮由另一方提供的從事了與聯大 46/215 號決議規定
不符的活動的證據並應將所採取的執法行動通知另一方。

九、若確定被登臨的漁船從事了與聯大 46/215 號決議規定不符的活
動並且該船未在任一方的當局註冊，採取登臨和核查行動的一
方可根據國際法和慣例的適用規則對該船採取執法行動，並應
將所採取的任何這類行動通知另一方。

十、實行登臨和核查的經授權的公務人員應按國際法和慣例的適用
規則實施登臨和檢查，以儘量減少對有關漁船的干擾和不便。

十一、在執行本備忘錄過程中出現的任何問題，將由雙方協商解決。

十二、本備忘錄自簽署之日起生效，有效期為一年。本備忘錄可延
　　　長至雙方同意的一個特定日期。

本備忘錄於一九九三年十二月三日在美國華盛頓 D.C.簽署，正本兩
份，每一正本均用中文和英文寫成並同等作準。

中華人民共和國政府　　美利堅合眾國政府
代表　　　　　　　代表
李道豫　　　　　　溫斯頓·洛德

資料來源：

上海招商網 http://www.zhaoshang-sh.com/2005/7-25/10-50-1124440.html

附錄二　中美《海上軍事磋商協定》全文

AGREEMENT BETWEEN THE DEPARTMENT OF DEFENSE OF THE UNITED STATES OF AMERICA AND THE MINISTRY OF NATIONAL DEFENSE OF THE PEOPLE'S REPUBLIC OF CHINA ON ESTABLISHING A CONSULTATION MECHANISM TO STRENGTHEN MILITARY MARITIME SAFETY

The Department of Defense of the United States of America and the Ministry of National Defense of the People's Republic of China, hereinafter referred to as the Parties,

Recognizing the principles contained in the three U.S.-Sino Joint Communiques, the spirit of mutual respect, and the experience shared by professional mariners and airmen due to the common challenges they face in the maritime environment,

Recognizing the need to promote common understanding regarding activities undertaken by their respective maritime and air forces when operating in accordance with international law, including the principles and regimes reflected in the United Nations Conventions on the Law of the Sea,

Desiring to establish a stable channel for consultations between their respective maritime and air forces,

Recognizing that such consultations will strengthen the bonds of friendship between the people of their two countries,

Have agreed as follows:

Article I

The Parties shall encourage and facilitate, as appropriate, consultations between delegations authorized by the Department of Defense and the Ministry of National Defense respectively for the purpose of promoting common understandings regarding activities undertaken by their respective maritime and air forces when operating in accordance with international law, including the principles and regimes reflected in the United Nations Convention on the Law of the Sea.

Article II

The mechanisms for consultation shall be:

1. Annual meetings, normally scheduled for two to three days, and consisting of briefings and discussion on agenda items to be agreed upon by consensus between the Parties. Such agreement shall be communicated through defense attach? defense ministry, or other diplomatic channels. Each Party shall host the meeting in alternating years. A delegation representing each Party shall be headed by an admiral or general officer, and comprised of military officers and civilian employees in the defense ministry, foreign ministry, and military headquarters, as well as professional officers engaged in activities at sea. Suggested agenda items regarding the activities at sea of the Parties' maritime and air forces may include, among other

items, such measures to promote safe maritime practices and establish mutual trust as search and rescue, communications procedures when ships encounter each other, interpretation of the Rules of the Nautical Road and avoidance of accidents-at-sea.

2. Working groups, consisting of subject matter experts, to study and discuss agenda items agreed by consensus between the delegations at the annual meetings. Agenda items to be studied and discussed shall be selected using the same criteria as agenda items for annual meetings. A report of their work shall be made at the annual meetings.

3. Special meetings, as mutually agreed upon through defense attach? defense ministry or other diplomatic channels, for the purpose of consulting on specific matters of concern relating to the activities at sea of their respective maritime and air forces.

Article III

Upon completion of the annual meeting, a summary of the proceedings shall be signed by the heads of the delegations in duplicate, in the English and Chinese languages.

Article IV

In order to foster a free exchange of views, details of consultations held pursuant to Article II shall remain between the Parties. The mutually agreed upon summary of the proceedings shall be available for release to third parties.

Article V

The obligation of each Party to engage in consultations pursuant to Article II is subject to its internal processes regarding the availability of funds. Each Party shall bear the cost of its participation in activities carried out under this Agreement. If, after this agreement enters into force, one Party cannot participate in activities listed in Article II, it shall provide written notification to the other Party.

Article VI

Each Party shall provide, subject to the laws and regulations of its respective government, customs, passport and visa, quarantine and other assistance to delegation members from the other Party who are engaged in activities pursuant to Article II in order to facilitate their entry and exit from its country.

Article VII

This agreement may be amended by written agreement of the Parties.

Article VIII

Any disagreement concerning the interpretation or implementation of the Agreement shall be resolved by consultation between the Parties.

Article IX

This Agreement shall enter into force upon signature of both Parties. Either Party may terminate this Agreement by written notification to the other Party, such termination to take effect three months following the date of notification.

IN WITNESS THEREOF, the respective representatives have signed this Agreement.

DONE AT BEIJING, in duplicate, this 19th day of January, 1998, in the English and Chinese languages, each text being equally authentic.

FOR THE DEPARTMENT OF DEFENSE

OF THE UNITED STATES OF AMERICA:

[signed:] William S. Cohen

FOR THE MINISTRY OF NATIONAL DEFENSE

OF THE PEOPLE'S REPUBLIC OF CHINA:

[signed:] Gen. Chi Haotian

資料來源：美國科學家網站 http://www.fas.org/nuke/control/sea/text/us-china98.htm

國家圖書館出版品預行編目

龍鷹共舞：中共與美國海事安全互動 / 邱子軒著.
-- 一版. -- 臺北市：秀威資訊科技, 2008.10
　　面；　　公分. -- (社會科學類；AF0097)
BOD 版
參考書目：面
ISBN 978-986-221-100-7(平裝)

1.海事安全合作　　　2.中美關係

557.49　　　　　　　　　　　　97019382

社會科學類　　AF0097

龍鷹共舞──中共與美國海事安全互動

作　　者 / 邱子軒
發 行 人 / 宋政坤
執行編輯 / 詹靚秋
圖文排版 / 陳湘陵
封面設計 / 李孟瑾
數位轉譯 / 徐真玉　　沈裕閔
圖書銷售 / 林怡君
法律顧問 / 毛國樑　律師
出版印製 / 秀威資訊科技股份有限公司
　　　　　　台北市內湖區瑞光路 583 巷 25 號 1 樓
　　　　　　電話：02-2657-9211　　　傳真：02-2657-9106
　　　　　　E-mail：service@showwe.com.tw
經 銷 商 / 紅螞蟻圖書有限公司
　　　　　　台北市內湖區舊宗路二段 121 巷 28、32 號 4 樓
　　　　　　電話：02-2795-3656　　　傳真：02-2795-4100
　　　　　　http://www.e-redant.com

2008 年 10 月 BOD 一版
定價：310 元

・請尊重著作權・
Copyright©2008 by Showwe Information Co.,Ltd.

讀 者 回 函 卡

感謝您購買本書，為提升服務品質，煩請填寫以下問卷，收到您的寶貴意
見後，我們會仔細收藏記錄並回贈紀念品，謝謝！

1. 您購買的書名：_____

2. 您從何得知本書的消息？

　　□網路書店　□部落格　□資料庫搜尋　□書訊　□電子報　□書店

　　□平面媒體　□ 朋友推薦　□網站推薦　□其他_____

3. 您對本書的評價：(請填代號　1.非常滿意 2.滿意 3.尚可 4.再改進)

　　封面設計____　版面編排____　內容____　文/譯筆____　價格____

4. 讀完書後您覺得：

　　□很有收獲　□有收獲　□收獲不多　□沒收獲

5. 您會推薦本書給朋友嗎？

　　□會　□不會，為什麼？_____

6. 其他寶貴的意見：_____

　　_____

　　_____

　　_____

讀者基本資料

姓名：_____　年齡：_____　性別：□女 □男

聯絡電話：_____　E-mail：_____

地址：_____

學歷：□高中(含)以下　　□高中　□專科學校　　□大學

　　　□研究所(含)以上 □其他_____

職業：□製造業 □金融業 □資訊業 □軍警 □傳播業 □自由業

　　　□服務業 □公務員 □教職　□學生 □其他_____

請 貼
郵 票

To：114

台北市內湖區瑞光路 583 巷 25 號 1 樓

秀威資訊科技股份有限公司　　　收

寄件人姓名：

寄件人地址：□□□

(請沿線對摺寄回,謝謝!)

秀威與 BOD

BOD（Books On Demand）是數位出版的大趨勢，秀威資訊率先運用 POD 數位印刷設備來生產書籍，並提供作者全程數位出版服務，致使書籍產銷零庫存，知識傳承不絕版，目前已開闢以下書系：

一、BOD 學術著作—專業論述的閱讀延伸
二、BOD 個人著作—分享生命的心路歷程
三、BOD 旅遊著作—個人深度旅遊文學創作
四、BOD 大陸學者—大陸專業學者學術出版
五、POD 獨家經銷—數位產製的代發行書籍

BOD 秀威網路書店：www.showwe.com.tw

政府出版品網路書店：www.govbooks.com.tw

永不絕版的故事・自己寫・永不休止的音符・自己唱